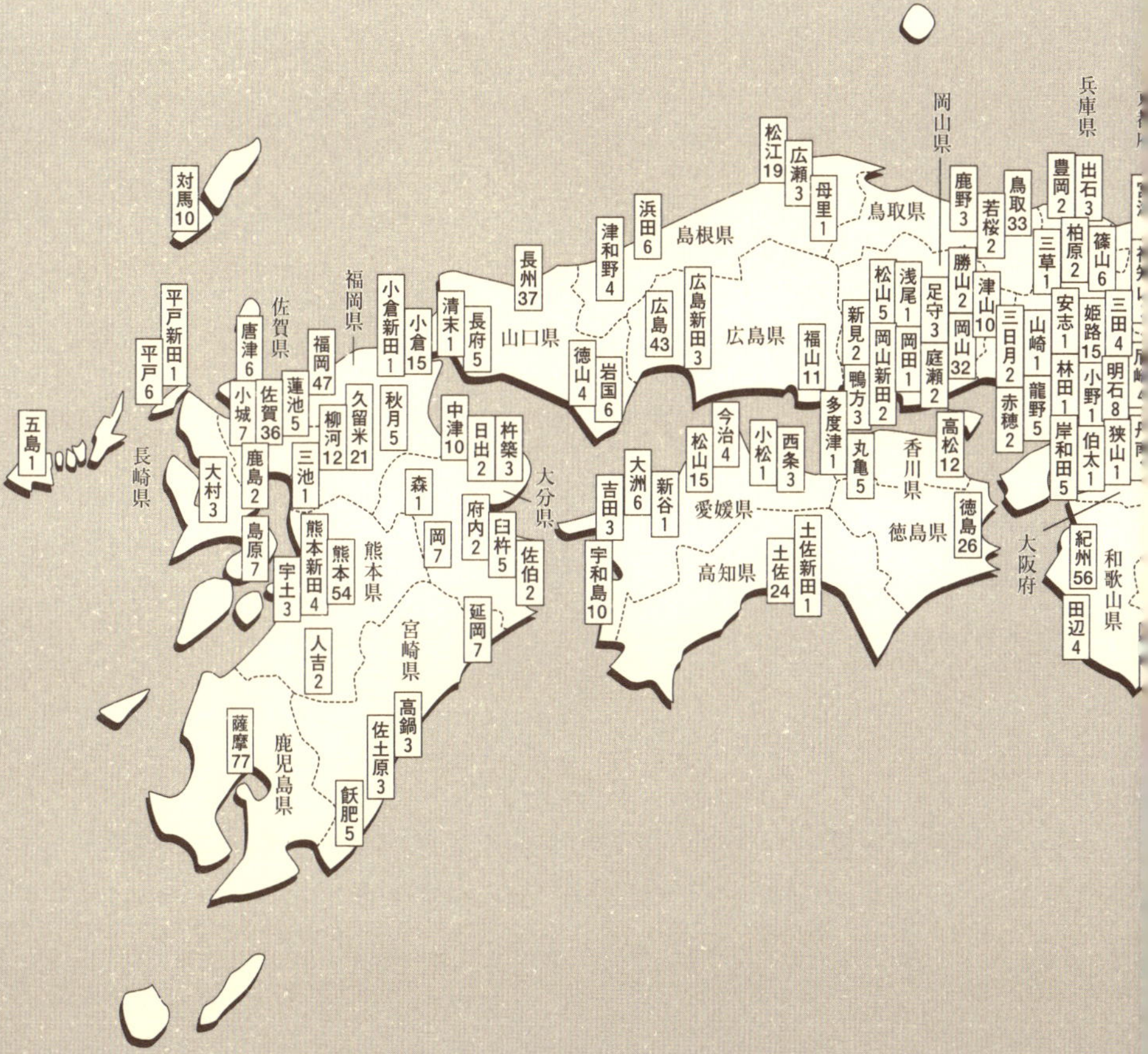

対馬 10
五島 1
平戸 6
平戸新田 1
長崎県
佐賀県
唐津 6
小城 7
佐賀 36
蓮池 5
鹿島 2
大村 3
島原 7
福岡県
福岡 47
柳河 12
久留米 21
三池 1
小倉新田 1
小倉 15
秋月 5
中津 10
日出 2
杵築 3
森 1
大分県
府内 2
臼杵 5
岡 7
佐伯 2
熊本県
熊本新田 4
熊本 54
宇土 3
人吉 2
宮崎県
延岡 7
高鍋 3
佐土原 3
飫肥 5
鹿児島県
薩摩 77
山口県
清末 1
長府 5
長州 37
徳山 4
岩国 6
島根県
浜田 6
津和野 4
松江 19
広瀬 3
母里 1
広島県
広島 43
広島新田 3
福山 11
鳥取県
鳥取 33
若桜 2
鹿野 3
岡山県
松山 5
浅尾 1
足守 3
新見 2
岡山新田 2
岡田 1
庭瀬 2
鴨方 3
勝山 2
岡山 32
津山 10
愛媛県
宇和島 10
吉田 3
大洲 6
新谷 1
松山 15
今治 4
小松 1
西条 3
高知県
土佐 24
土佐新田 1
香川県
多度津 1
丸亀 5
高松 12
徳島県
徳島 26
兵庫県
豊岡 2
出石 3
三草 1
柏原 2
篠山 6
三日月 2
山崎 1
安志 1
姫路 15
三田 4
赤穂 2
龍野 5
林田 1
小野 1
明石 8
岸和田 5
伯太 1
狭山 1
大阪府
和歌山県
紀州 56
田辺 4

シリーズ藩物語

新庄藩

大友義助……著

現代書館

プロローグ

新庄藩物語

羽州新庄藩は、元和八年(一六二二)、藩祖戸沢政盛《とざわまさもり》が、山形藩最《も》上《がみ》家改易のあとをうけ、その遺領の一部、高六万石（後に六万八千二百石）を賜って創設され、明治二年(一八六九)、藩主正実《まさざね》の版籍奉還によって終わる藩である。

支配の範囲は、最上地方一円（山形県新庄市及び最上郡一円）と村山郡の一部（同県村山市・北村山郡大石田町・西村山郡河北町の各一部。最上川の西岸）におよぶ。戸沢氏は十一代二四七年にわたってこの地を支配した。

藩域の大部分が山地に属し、全国的にも著名な豪雪地帯という立地のために、他に誇り得るほどの産業の発達はなく、特に藩政後期においては、幾度となく冷害による凶作・飢饉に襲われ、領民は塗炭《とたん》の苦しみを強いられ、藩財政は危機的状況に陥るのであるが、

藩という公国

江戸時代、日本には千に近い独立公国があった

江戸時代。徳川将軍家の下に、全国に三百諸侯《しょこう》★の大名家があった。ほかに寺領や社領、知行所《ちぎょうしょ》★をもつ旗本領《はたもとりょう》などを加えると数え切れないほどの独立公国があった。そのうち諸侯を何々家《け》家中《かちゅう》と称していた。家中は主君を中心に家臣が忠誠を誓い、強い連帯感で結びついていた。家臣の下には足軽《あしがる》層《そう》★がおり、全体の軍事力の維持と領民の統制をしていたのである。その家中を藩と後世の史家は呼んだ。

江戸時代に何々藩と公称することはまれで、明治以降の使用が多い。それは近代からみた江戸時代の大名の領域や支配機構を総称する歴史用語として使われた。その独立公国たる藩にはそれぞれ個性的な藩風《はんぷう》と自立した政治・経済・文化があった。幕藩体制とは歴史学者伊東多三郎《いとうたさぶろう》★氏の視点だが、まさに将軍家の諸侯の統制と各藩の地方分権が巧く組み合わされていた、連邦でもない奇妙な封建的国家体制であった。

今日に生き続ける藩意識

明治維新から百三十年以上経っているのに、今

人々はこれに耐え、君民一体となって困難を克服し、藩体制を全うしてきたことは注目すべきことである。

忍耐・質素倹約・勤勉・自然に対する敬虔《けいけん》な態度等々の、当地方の人々の一般的な気風は、幾世代かにわたるこうした困難克服の過程の中で培われたように思われる。

厳しい自然環境、過酷なほどの重税にもかかわらず、人々はこれに耐えて、たくましく生き、独特の文化を築き上げてきた。史上に残るような高名な芸術家・学者などの輩出が見られないが、庶民が日常の暮らしの中で生み出し、仲間とともに楽しんできた生活文化には、今日ふりかえってみても驚くほど高度なものがある。

例えば、当地方で盛んに行われている番楽《ばんがく》・歌舞伎（地芝居）・田植踊りなどの民俗芸能であり、今日も豊かに語り継がれている優れた民話・民謡である。また、かつて民芸運動を興した柳宗悦《やなぎむねよし》が激賞した庶民の日用雑器を製出している新庄東山焼である。毎年夏の終わり、地域住民のすべてを沸き立たせる新庄祭りも、同様に藩政時代の人々が生み出した豊かな文化である。

でも日本人に藩意識があるのはなぜだろうか。明治四年（一八七一）七月、明治新政府は廃藩《はいはん》置県《ちけん》★を断行した。県を置いて、支配機構を変革し、今までの藩意識を改めようとしたのである。ところが、今でも、「あの人は薩摩藩の出身だ」とか、「我らは会津藩の出身だ」と言う。それは侍出身だけでなく、藩領出身も指しており、藩意識が県民意識をうわまわっているところさえある。むしろ、今でも藩対抗の意識が地方の歴史文化を動かしている。そう考えると、江戸時代に育まれた藩民意識が現代人にどのような影響を与え続けているのかを考える必要があるだろう。それは地方に住む人々の運命共同体としての藩の理性が今でも生きている証拠ではないかと思う。

藩の理性は、藩風とか、藩是《はんぜ》とか、ひいては藩主の家風ともいうべき家訓などで表されていた。

（稲川明雄）

諸侯▼江戸時代の大名。

知行所▼江戸時代の旗本が知行として与えられた土地。

足軽層▼足軽・中間・小者など。

伊東多三郎▼近世藩政史研究家。東京大学史料編纂所所長。

廃藩置県▼藩体制を解体する明治政府の政治改革。廃藩により全国は三府三〇二県となった。同年末には統廃合により三府七二県となった。

シリーズ藩物語 新庄藩

目次

これも新庄

「樅の木のモニュメント」

新庄焼

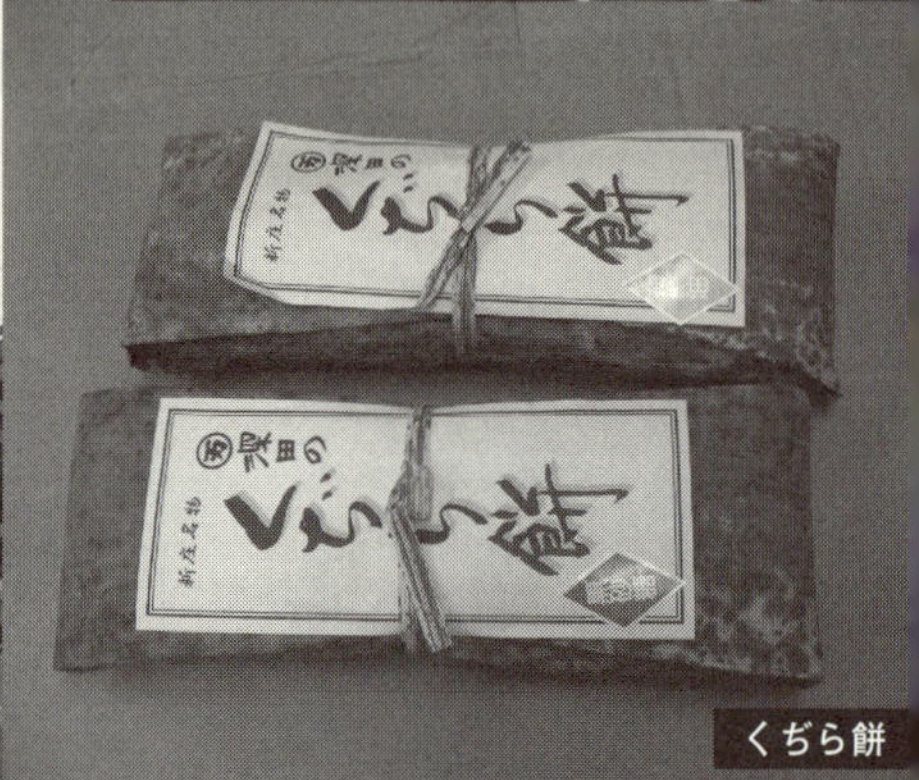

くぢら餅

新庄市街

第一章 新庄藩前史

平氏で鎌倉初期奥州に移った戸沢氏は、出羽仙北地方に入り戦国大名として成長。

① 羽州仙北時代

新庄藩主戸沢氏の遠祖は平氏の出で、初め大和国に住した。後、鎌倉時代源頼朝によって奥州滴石郷に移され、以後戸沢氏を称したという。この後、建保六年（一二一八）、同氏は羽州山本郡門屋城に移り、次いで北浦庄角館城に移って勢力を伸ばした。

戸沢家の始祖・平衡盛

羽州新庄藩六万八千二百石、戸沢氏の始祖 平衡盛《たいらのひらもり》は平氏の出で、初め大和国尾輪《おわ》村（不明なるも現奈良県五条市小和の地か）に住したが、建久《けんきゅう》五年（一一九四）、将軍源頼朝から陸奥国磐手郡《むつのくにいわてぐん》滴石《しずくいし》（雫石）の地を賜り、この地に移り、戸沢氏と称したと伝えられている。

二代兼盛《かねもり》のとき、建保《けんぽう》六年（一二一八）、滴石郷から出羽国山本郡門屋《かどや》（秋田県仙北《せんぼく》市）に移ったという。同氏は以後十二代泰盛《やすもり》の時代まで、門屋城を本拠としたが、その後、十三代家盛《いえもり》の時代、応永《おうえい》三十一年（一四二四）、檜木内川《ひのきないがわ》を下って北浦庄角館《かくのだて》（仙北市）に移ったとされている。

しかし、これには異論もある。『増訂最上郡史《もがみぐんし》』の著者嶺金太郎《みねきんたろう》は、戸沢氏は仙北檜木内村《せんぼくひのきない》（仙北市）上檜木に興った小土豪で、後、次第に四囲の豪族を制圧しつつ鰍《かじか》瀬《せ》川《がわ》を南下し、門屋城、次いで角館城に拠って勢力を伸ばし、戦国大名としての地位を確立したとしている。

戸沢盛安、小田原参陣

仙北地方の大名、戸沢氏のことが明らかになるのは、戦国末期、十九代盛安《もりやす》（新庄藩祖政盛《まさもり》の父）の頃からである。すなわち、彼は、天正六年（一五七八）、天下の形勢をにらみ、覇者織田信長に鷹を贈って臣従し、さらに、天正十八年（一五九〇）には、豊臣秀吉の小田原攻めに参陣したが（ともに「戸沢家普《(ママ)》」★による）、不幸にして、彼は二十五歳でこの陣中に没した。

盛安には、未だ正妻がなかった。彼が鷹野《たかの》に出て、小古女沢《こごめざわ》の百姓源左衛門《げんざえもん》の娘に産ませた遺児があったが、まだ幼少にして、しかも母が東光坊《とうこうぼう》なる山伏に嫁し、遺児は全くの百姓の童として育っていたので、盛安の跡を継がせることはできず、盛安の弟平九郎光盛《みつもり》が跡を継いだ。

同年の秀吉の奥州仕置《しおき》★においては、幸いにも光盛の大名権が認められ、戸沢家の旧領が安堵された。その石高は、同年、秀吉から賜った「出羽国仙北之内北浦郡御検地目録帳」によれば、四万四千三百五十石余である。

▼「戸沢家晋」
戸沢家、系図書。

▼奥州仕置
奥州の管理・統治を決定する。

政盛登場

文禄元年（一五九二）、光盛は秀吉の命により、かの朝鮮出兵（文禄の役）に参陣すべく肥前（長崎県）名護屋《なごや》に向かったが、途中播州《ばんしゅう》（兵庫県）明石近くで、疱瘡に冒され急死した。まだ、十六歳の死去であったので、跡を継ぐべき子どもはなく、戸沢家は存亡の危機に陥った。家臣たちは、謀議の上、急遽国許に下り、前記の盛安の遺児を義父東光坊を斬って奪い取り、至急大坂に上らせて秀吉に謁見せしめ、辛うじて跡目相続の許可を得た。これが、後の新庄藩祖戸沢政盛《まさもり》である。後世、彼の述懐によれば、当時、彼は母の嫁ぎ先で、種ふくべを首に下げ、毎日村童とともに山野を走り回っていた九歳の少年であったという。

秀吉が政盛に与えた跡式安堵の朱印状の日付は文禄二年正月十日とある。この相続については、徳川家康の斡旋によるところ大であったという（『新庄古老覚書《しんじょうころうおぼえがき》★』による）。

政盛、家康と密書を交わす

この後、慶長三年（一五九八）、秀吉の死去によって、天下をねらう徳川家康と

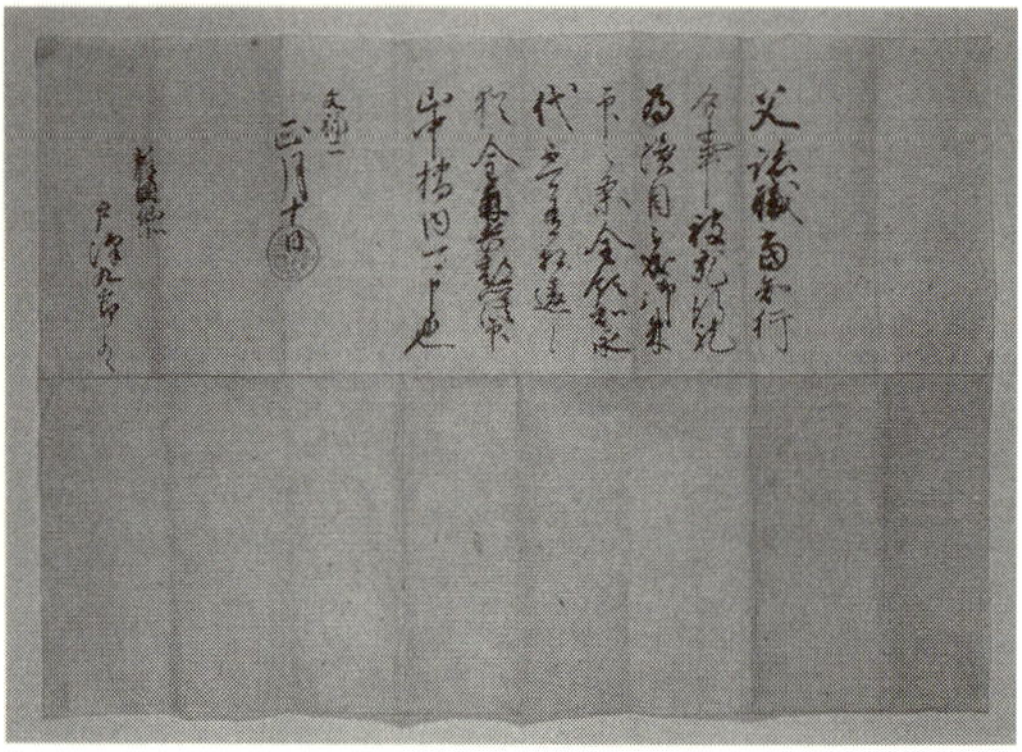

秀吉からの戸沢政盛宛て領地朱印状

▼『新庄古老覚書』
享保末年、藩士田口五左衛門が著した歴史書。

秀吉の遺児秀頼《ひでより》につく上杉景勝《うえすぎかげかつ》との対立は、いよいよ露になってくる。家康は、奥羽の諸大名の歓心を買い、かつ、会津《あいづ》の上杉景勝の動向を探るべく、諸大名に命じて会津表★の様子の報告を求めた。

これに応じて、仙北角館城にある戸沢政盛は、慶長四年、他大名に先んじて、早々に上杉氏の動静を報じた。この折の家康の返書が新庄市ふるさと歴史センターに蔵されているが、これには「飛脚到来祝着候、其表之様子得其意候、猶田中可申也、十一月廿日　家康（朱印）戸沢九郎五郎とのへ」とある。「九郎五郎」は政盛の幼名である。

翌慶長五年、家康はいよいよ上杉氏討伐を決意し、六月十六日、大坂を発って、七月二日、江戸城に入った。彼はここで奥羽の諸大名に飛札《ひさつ》★を発して、会津攻撃を命令した。戸沢政盛に宛てた書状には、早々に出陣し、山形城主最上義光《もがみよしあき》のもとに結集し、ともに米沢城に拠る上杉氏家臣直江兼続《なおえかねつぐ》を討てとある。これには、「書状到来」とあるから、この頃両者は頻繁に情報を交換し合っていたものであろう。家康の書状は、次のようである。

▼書状到来祝着之至候、仍会津表出陣之儀、来廿一日相定候、其方事山形出羽守有同心、米沢表へ可有参陣候、猶田中清六可申上候、恐々謹言

七月七日　　家康（黒印）

▼会津表
会津地方。

▼飛札
急用の手紙。

▼その方からの書状を受取った。上杉氏討伐のための会津出陣を来月二十一日に決定した。その方は山形の最上氏に味方して米沢在城の上杉方武将直江兼続氏を攻撃せよ。なお詳細は田中清六が申し述べる。

戸沢九郎五郎とのへ

右の「田中清六」は京都の鷹商人で、早くから奥羽に下り、諸大名にとり入って、彼らを中央の秀吉や家康に結びつけていた人物である。

家康の命によって、政盛は二二〇〇の兵を率いて羽州街道を南下するが、途中村山郡林崎村（山形県村山市林崎）に至ったとき、再び家康の命に接し、軍を故国に帰した。家康の命は、南部九戸《くのへ》氏家臣の反乱に備え、かつ、景勝の侵入を防げというものであった。

この折、最上義光が戸沢政盛と交わした軍事同盟の起請文《きしょうもん》★が新庄市ふるさと歴史センターに伝えられている。起請文は熊野大社の牛王宝印《ごおうほういん》★のある料紙を用いた重々しいもので、末尾には、「慶長五年八月廿日　羽柴出羽侍従《はしばでわじじゅう》　義光（花押　血判）戸沢九郎五郎殿　参」とある。義光の書状は比較的多く残っているが、血判のあるのはこの起請文が唯一であろう。

東北の「関ヶ原」の戦い・長谷堂城合戦

これより先、江戸城に入った家康は、奥羽の諸将に上杉景勝討伐の命を下す一方、自らも会津上杉氏を討つべく大軍を率いて奥州街道を北に向かった。一方、家康の去った大坂では、石田三成《いしだみつなり》が好機至れりとばかり兵を挙げ、家康討伐を目

▼起請文
誓詞。

▼牛王宝印
「牛王宝印」「牛玉宝印」と記した厄除けの護符で、その裏面に起請文が書かれた。

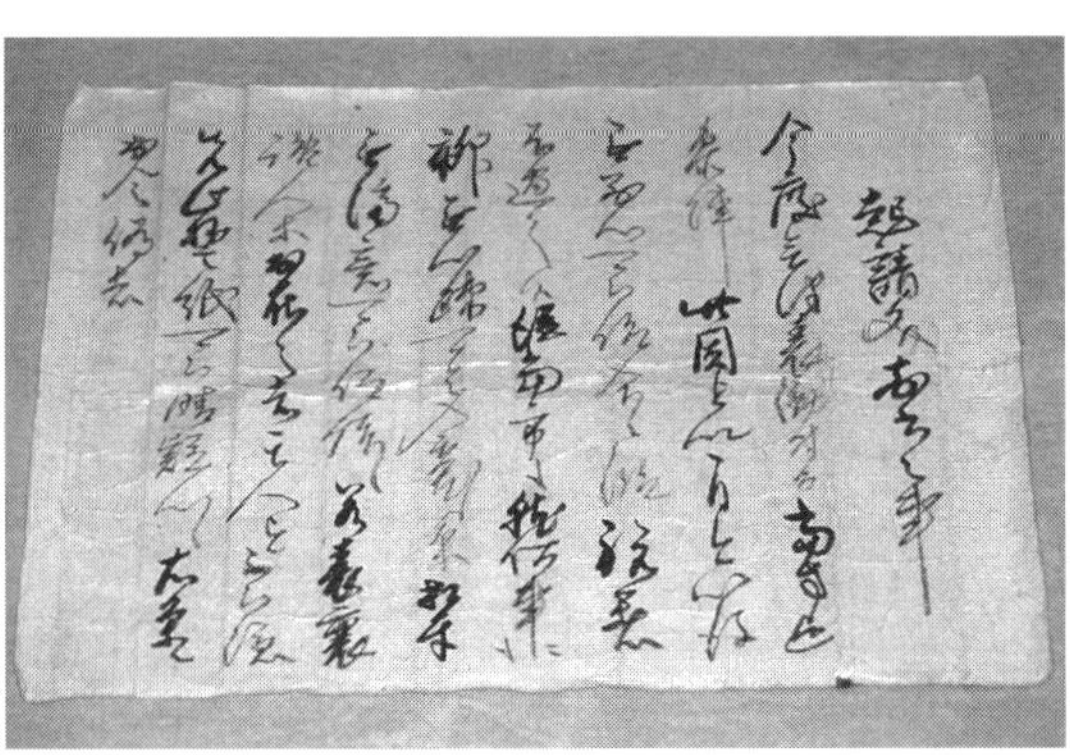

最上義光起請文（前文）

指して東に進んだ。家康が三成挙兵の報をうけたのは、小山《おやま》（栃木県）の宿においてであった。急報に接した家康はわずかの兵を長男信康《のぶやす》に与えて会津に向かわせ、自らは急ぎ西に向かった。

東軍・西軍の激突がいわれる天下分け目の戦い（関ヶ原の戦い）である。

一方、家康の転進によって恐慌を来したのは、伊達《だて》政宗《まさむね》と最上義光である。政宗は、この頃、上杉方の白石城《しろいしじょう》（宮城県白石市）を攻めていたが、家康転進の急報に接し、早速上杉方に詫びを入れ、戦いを中止した。

いまや、義光はひとり独力で強大な上杉勢と対峙せざるを得ない羽目に陥った。先に家康の命によって山形に集結しつつあった北奥羽の諸将は、南部九戸氏の騒乱によって、みな帰国しつつあったから

関ヶ原の戦いの頃の戸沢氏の勢力範囲

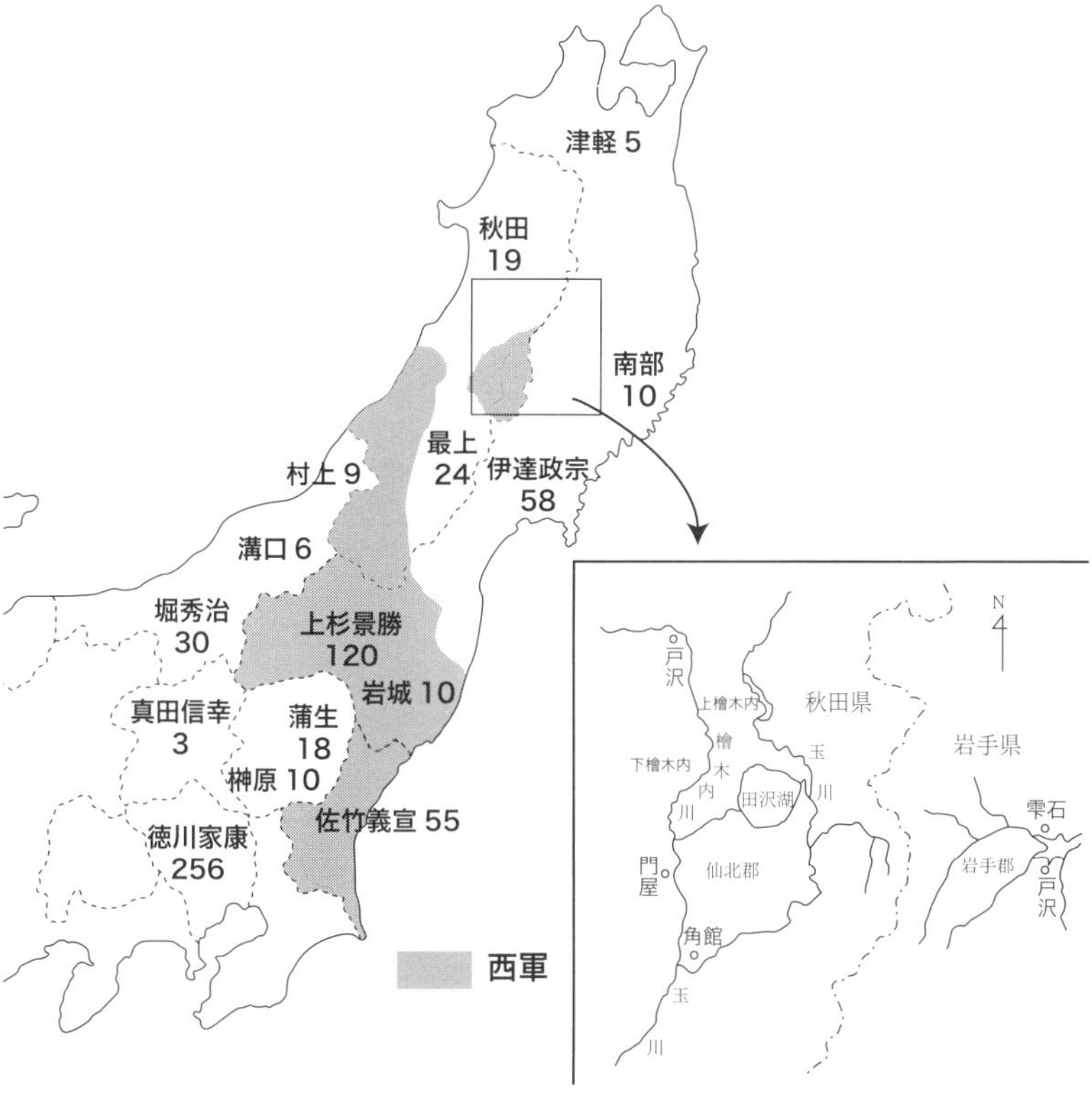

である。彼はさまざまの理由を設けて弁明に努めたが、その甲斐なく、米沢の上杉方武将直江兼続は大軍を従えて猛然と義光に襲いかかってきた。軍は羽州街道沿い、狐越《きつねご》え、庄内地方の三方から山形城に進んだが、主力は兼続自ら率いる狐越えの軍勢であった。

直江勢は狐越え峠の頂を越し、一挙に白鷹山中《しらたかさんちゅう》の最上方畑谷《はたや》城（山辺町畑谷）を落とし、志村伊豆守《しむらいずのかみ》の守る長谷堂《はせどう》城（山形市）に迫った。ここからは、山形城は指呼の間にある。義光は大軍を送ってこの城を死守した。両軍の死闘は一カ月余りにわたって繰り返されたが、九月末、関ヶ原における東軍の勝利が伝えられ、兼続は雄図空しく軍を返した。義光は辛くも虎口《ここう》を脱することができた。

翌六年、戸沢政盛は、最上義光とともに上杉方酒田城《さかたじょう》を攻め、これを落とした。

時に、天下は家康の手に帰した。慶長八年（一六〇三）、家康は江戸に幕府を開き、天下に君臨した。戦後の論功行賞によって最上義光は七十五万石の大々名となり、景勝は領地の三分の二を削られて、米沢三十万石に移された。

② 常州松岡時代

戦国時代末期、戸沢盛安は早くも中央の権力者織田信長、次いで豊臣秀吉に款を通じた。その結果戸沢は四万五千石の大名となり、秀吉の死後は、徳川家康に従った。関ヶ原戦後、功によって常州茨城・多賀の二郡を賜って、かの地に移った。

政盛、常州に転封

関ヶ原戦は、角館城主戸沢政盛にも大転機をもたらした。慶長七年(一六〇二)、政盛は常州《じょうしゅう》(茨城県)茨城郡と多賀郡のうち四万石を賜り、この地に移った。この地は元来佐竹《さたけ》氏の領地であったが、同氏は関ヶ原戦において、家康に積極的に味方しなかったとの理由で秋田に左遷された。政盛の転封は、その跡への移封であった。石高の上ではむしろ減封であるが、周囲の大名の多くが、あるいは国を奪われ、あるいは国を削られたのに比較すれば、まだしも幸いと言うべきかもしれない。政盛は、転封の当初、小川城《おがわじょう》(茨城県東茨城郡小川町)に入ったが、後、慶長十一年、多賀郡竜子山城《たつこやまじょう》を改修して松岡城《まつおかじょう》と改め、ここに移った。

政盛の常州時代は、元和八年(一六二二)までの二十年に過ぎないが、この二十年間は戸沢家のその後にとって、大きな意義をもつ時代であった。

その一は、この転封は、戸沢氏にとっては初めての転封であり、しかも、江戸に近い地への移封である。当然、戸沢氏は領内支配、特に農民把握において、従来とは異なる、かなり根本的な変革を強いられたに違いない。

周知のように、この時代は古い戦国時代から近世という新しい時代への転換期であった。幕府の大名取り潰し政策もあって、関ヶ原戦後、生き残った大名でも、その少なからざる大名が、あるいは倒され、あるいは自滅した。つまり、新しい近世的な支配体制を打ち樹て得た大名のみが生き延びることができたのである。

家臣の新規召し抱え

戸沢氏は、この常州時代の二十年間に、先進地における支配体制を学び、戦国大名の残滓《ざんし》を捨て、近世大名に脱皮し得たと考えることができる。

この詳細については史料を欠き明らかではないが、大略を言えば、家老・年寄などの藩政の枢要は旧角館時代の老臣が占めてはいるが、直接民政に当たる地方《じかた》の役職には、この地で新たに召し抱えた家臣を多く当てているようで、当時の地方帳類には、舟生《ふにゅう》・大久保・作山氏などの名がしきりに現れる。[注]土地の把握にしても、石高制への大幅な転換が認められる。

二つ目は家臣団の新規召し抱えである。政盛が当地で新規に召し抱えた家臣は

注…高萩市《たかはぎし》大高家文書「戸沢右京進藤原朝臣政盛御家中次第」による。

四十数名と推定されるが、この数は当時の戸沢家家臣団の中でかなりの比重を占める。しかも、これらの多くが、前にみたように、藩政の第一線に立ち、戸沢藩政を支えたのである。

また、当地で召し抱えた家臣の多くが、この後、戸沢氏の羽州新庄転封後において、従来の仙北時代の譜代の臣に代わって、家老・中老・用人・本〆《もとじめ》・奉行などの要職に就き、藩政の中枢を担っていることは注目すべきことである。北《ほう》条《じょう》・井関《いせき》・小山《おやま》・舟生《ふにゅう》・可児《かに》・加々尾《かがお》・武石《たけいし》・雨谷《あまがい》などの諸氏である。

政盛の深慮

慶長十四年(一六〇九)、政盛は(この年、彼は従来の名安盛を政盛に改めた)、従五位下に叙され、右京亮《うきょうのすけ》に任ぜられた。翌十五年、磐城平《いわきたいら》(福島県)城主鳥居忠政《とりいただまさ》の妹を正室に迎え、徳川家との縁を深くした。彼女は後に「真室御前《まむろごぜん》」(巨川院《きょせんいん》)と呼ばれたが、生来病弱にして足なえの身で、その上、乱心気味の女性であったという。

重臣の一人が、四万石の青年大名が何もこのような姫君を迎えずともと、政盛に苦言を呈したところ、政盛はこれは結ばなければならぬ縁だと言って、言下にしりぞけたという。彼女は政盛の新庄転封後、真室城(最上郡真室川町)において死去するが、政盛は終生彼女を丁重に遇した。

　政盛の鳥居家に対する配慮は、特別に深いものがあった。彼は側室（久照《きゅうしょう》院《いん》）に男児があったにもかかわらず（巨川院には子はなし）、継嗣《けいし》★に鳥居忠政の二男定盛《さだもり》を迎えている。定盛は不幸にして政盛に先立って没したが、政盛はなおも定盛の娘お風《ふう》に鳥居家から婿養子《むこようし》を迎えようとした。しかし、これは鳥居氏の転封によって実現しなかった。彼のこのような鳥居家への義理立ては、彼の人柄にもよるものであろうが、より以上に、外様の小藩戸沢家の安泰をはかる配慮であったと考えるべきであろう。つまり、徳川家との関係で言えば、縁の遠い戸沢家としては、あらゆる手を尽くして、幕府の意を迎え、家の安泰をはからなければならない。鳥居家は、徳川家にとっては、松平時代以来の譜代の臣であり、かつ、忠政《ただまさ》の父元忠《もとただ》は、慶長の役の折、伏見《ふしみ》城で石田三成軍の東下を食い止めて玉砕した、いわば徳川家の恩人とも言うべき忠臣である。

　大名取り潰し政策が強力に進められていた江戸時代初期においては、戸沢家のごとき外様の小藩が命脈を保つことは容易なことではない。政盛は鳥居家と縁を結ぶことによって、幕府との縁を強くしようとした。

　こうしてみると、政盛の生涯は、豊臣政権から徳川政権への転換期に当たる激動の時代の中で、如何にして戸沢家の安泰をはかるかの努力の一生であったと言っても過言ではないように思われる。

▼**継嗣**　跡継ぎ。嗣子。

第二章 新庄藩の成立

新庄を拝領した戸沢氏、お家騒動を制し藩政の基礎を固め、文治政治に入る。

① 新庄藩の創設

元和八年（一六二二）、戸沢氏は新庄地方六万石（後に六万八千二百石）を賜り、新庄に移った。山形城主最上氏改易に伴う、その遺領の一部だった。藩祖政盛は、新庄城を本拠に城下町建設、新田開発など諸政策を強力に推進し、藩政の確立をはかった。

山形城主最上家大破

戸沢政盛は常州松岡に居城すること二十年にして、羽《う》州《しゅう》新庄への転封を命ぜられる。この裏には、出羽国《ではのくに》における政治情勢の大変動があった。すなわち、関ヶ原戦後の出羽国（現在の山形県と秋田県の範囲）は、南の米沢に会津から移された上杉氏、北の久保田に常州から移された佐竹氏、中央部（現在の山形県上山市から秋田県南部まで）の山形には南北朝時代以来の最上氏が配され、幕府のもと一応の平和が保たれていたが、最上家においては、未だ藩主の専制的地位は確立しておらず、一族や重臣の対立が深刻化し、不穏な空気が漲っていた。

一族の対立は、慶長十九年（一六一四）、大守義光の死去を契機に一気に爆発した。義光の跡を継いだ二男家親《いえちか》が異母弟の清水《しみず》城主（最上郡大蔵《おおくら》村）清水義親《しみずよしちか》を急襲し、これを滅ぼした。義親は若年の頃、父の命により豊臣秀頼《とよとみひでより》に小姓として仕えたが、その後、彼はこの縁により、豊臣氏の残党と通じて大乱を企てているというのが急襲の理由と伝えられているが、判然とは分からない。この数カ月前には、庄内地方の一栗兵部《いちくりひょうぶ》が反乱を起こしているが、これも同じ理由によるとされている。

幕府の断下る

最上家の動揺はこの後も続いた。義光の跡を継いだ若年の家親《いえちか》には、五十七万石の大藩を背負うだけの器量はなかった。重臣の間に藩政の主導権をめぐる争いが起こり、この対立は次第に深刻化しつつあった。対立は藩主家親の急死によって一挙に露になった。元和三年(一六一七)、彼は鷹狩りの途中、楯岡《たておか》城(村山市)に休息したが、山形帰還後、間もなく急死した。彼の急死は家臣の間にさまざまな憶測を生んだ。重臣の一人、庄内《しょうない》松根《まつね》城主松根備前守《まつねびぜんのかみ》は、家親の死は反対派の毒殺によるとして、その糾明方を幕府に訴え出た。幕府は関係者を呼んで尋問したが、結果はその根拠なしとして松根を処罰し、最上家の重臣に対しては、一同協力して幼主義俊《よしとし》(家親の嫡子)を守り立てて、最上家を全うすべしとのことであった。

しかし、これに対しては、重臣のうち、山辺《やまのべ》・鮭延《さけのべ》の両氏が異を唱えた。このような幕府のあいまいな裁決では、必ずや第二・第三の同様の事件が起こるであろうから承服できないというのである。

元和八年(一六二二)、幕府はついに最上家改易の断を下した。義俊は近江国《おうみこく》に五千石、遠江国《とおとうみこく》に五千石を賜って国を去った。

戸沢政盛、新庄領を賜る

最上氏に代わって、その遺領を継いだのは、鳥居氏（山形城二十二万石）、酒井《さかい》氏（鶴岡《つるおか》城十四万石）、戸沢氏（新庄城六万石）、松平《まつだいら》氏（上山《かみのやま》城四万石）他の諸氏である。ここで注目されるのは、これらの諸大名は、いずれも徳川家第一の忠臣とも言うべき山形鳥居氏の近親者だということである。庄内酒井家は徳川四天王と称せられた譜代の臣であり、鳥居忠政の娘婿に当たる近親者である。新庄戸沢政盛は鳥居忠政の妹を妻に迎えている間柄である。上山松平氏は徳川家の譜代にして、当主重忠は鳥居忠政と従兄弟という近い関係である。

幕府がこのような大名配置政策をとった理由の第一は、これらの諸大名をして、未だ心服していない奥羽の外様諸大名の監視ないし牽制の役目を負わせるという点にあったに相違ない。奥羽には、上杉氏・佐竹氏のごとく国を削られ、左遷された大名あり、また、南部氏、津軽《つがる》氏のごとく、中世以来の土着の大名あり、伊

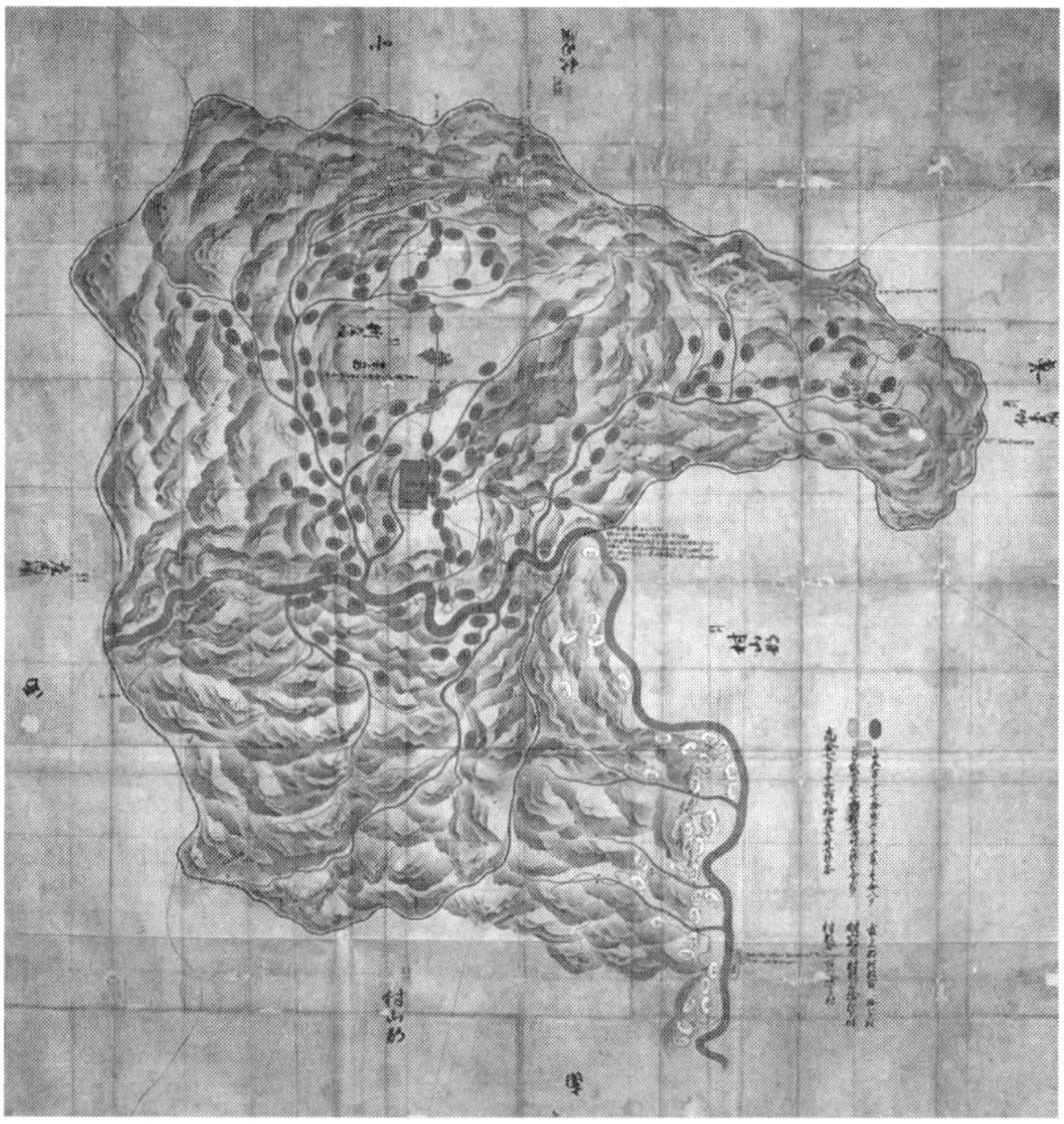

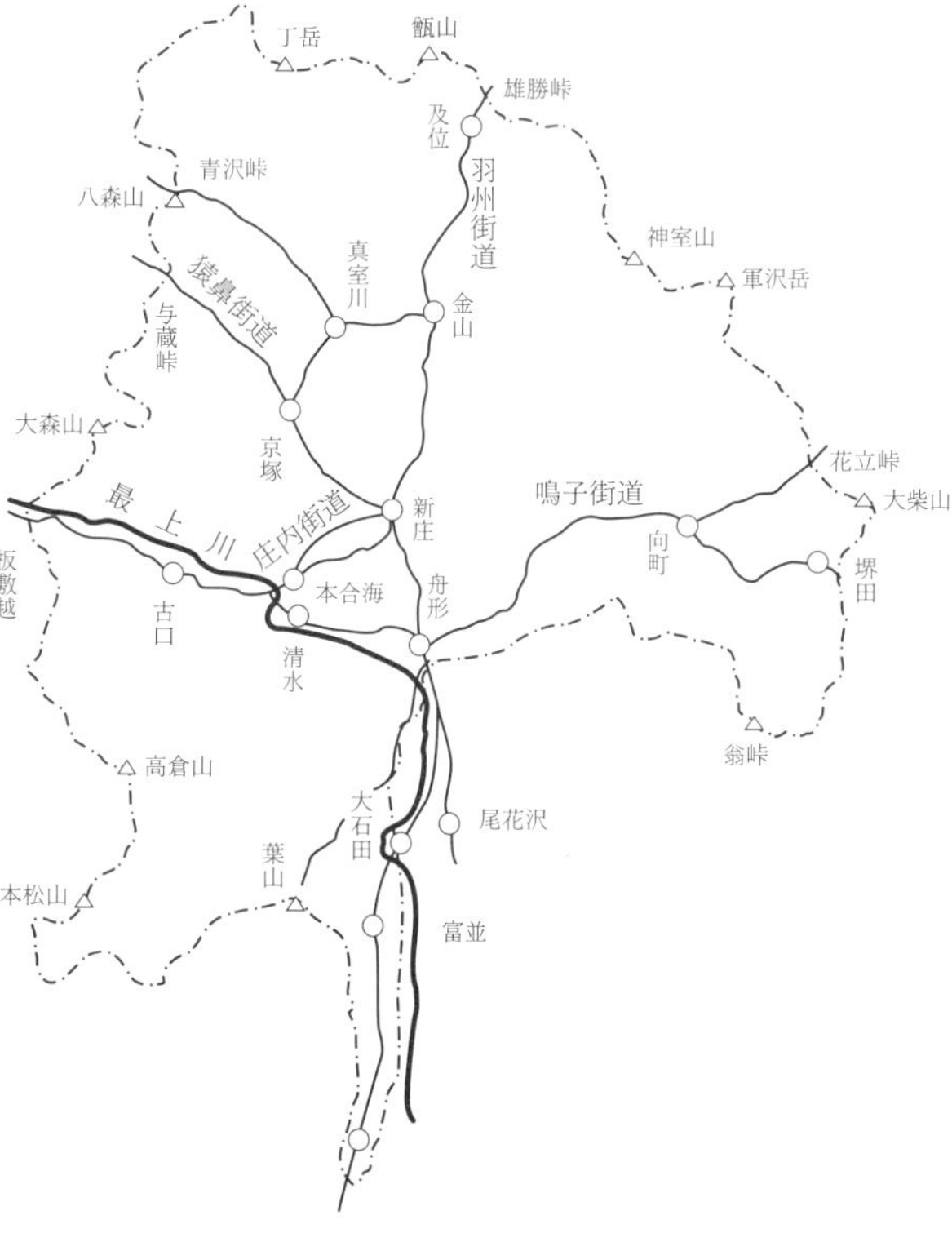

「羽州最上郡併村山郡之内 戸沢上総介領内絵図」（上）
新庄領の範囲（下）

達氏のごとく、かつては天下をねらった大名ありで、幕府としては最も警戒すべき地方であった。幕府が最上氏自滅を奇貨として、その遺領に最も信頼し得る譜代の諸大名を配置して、反幕府勢力ともなりかねない奥羽の外様大名を監視せしめたことは当然考えられることである。

新庄藩主歴代

元和八年(一六二二)、鳥居忠政・酒井忠勝《ただかつ》と並んで、最上家遺領のうち六万石を賜った戸沢政盛は、当時三十八歳。数奇な運命のもとに生まれ、世の辛酸をなめて長じた彼は、いまや世情に通じ、政務に練達した大名として成長していた。

領地六万石（寛永二年に六万八千二百石となる）の範囲は、現在の最上地方一円と村山郡の一部（村山市・大石田町・河北町の各一部）におよぶ。この地方の各地に割拠していた土豪層はすでに一掃され、領内一円支配の条件は整えられていた。政盛ははじめ従来鮭延氏が居城していた真室城（真室川町）に入ったが、後、寛永二年(一六二五)、もと日野《ひの》氏が拠っていた新庄城を拡張・整備して、ここに移った。

以後、戸沢氏は明治二年(一八六九)まで、二四七年、十一代にわたって、この地を支配することになる。

藩主歴代の略系図は『最上郡史料叢書』『寛政重修諸家譜』などによれば、第1図のとおりである。また、歴代藩主の諱《いみな》・受領名《ずりょうめい》・通称・生没年月日・法名・菩提所・在位年月日・所領などは、第1表のとおりである。もっとも、諱は一人でいくつも名乗る藩主もいるが（例えば、二代正誠《まさのぶ》は時代別に一一もの諱を名乗った）、ここではその代表的なものを採った。

戸沢家の家紋・旗差物・馬標

ついでに、戸沢家の家紋・旗差物・馬標についても触れておこう（第2図参照）。家紋のうち、「丸に九曜」の紋は最もよく知られている表紋である。「鶴の丸」紋は、あまり目にしないが、戸沢家の裏紋で、鳥越八幡神社社殿（重文・新庄市）などにみることができる。また、「戸の字」の紋は臣下への下賜品、藩関係の建造物などの紋所に用いられた。

旗差物は二種類あるが、ともに実物が現存している。馬標は大小三個の笠を重ねたもので、遺品が現在泉田八幡神社（新庄市）に蔵されている。大の笠の直径が約一四〇センチ、棹の長さが四七〇センチもある大きいものである。この馬標の由緒として次のようなことが語られている。昔、戸沢家の先祖が豊臣秀吉の小田原攻めに参

新庄藩主戸沢家馬標　三階笠

第1図　戸沢家系図

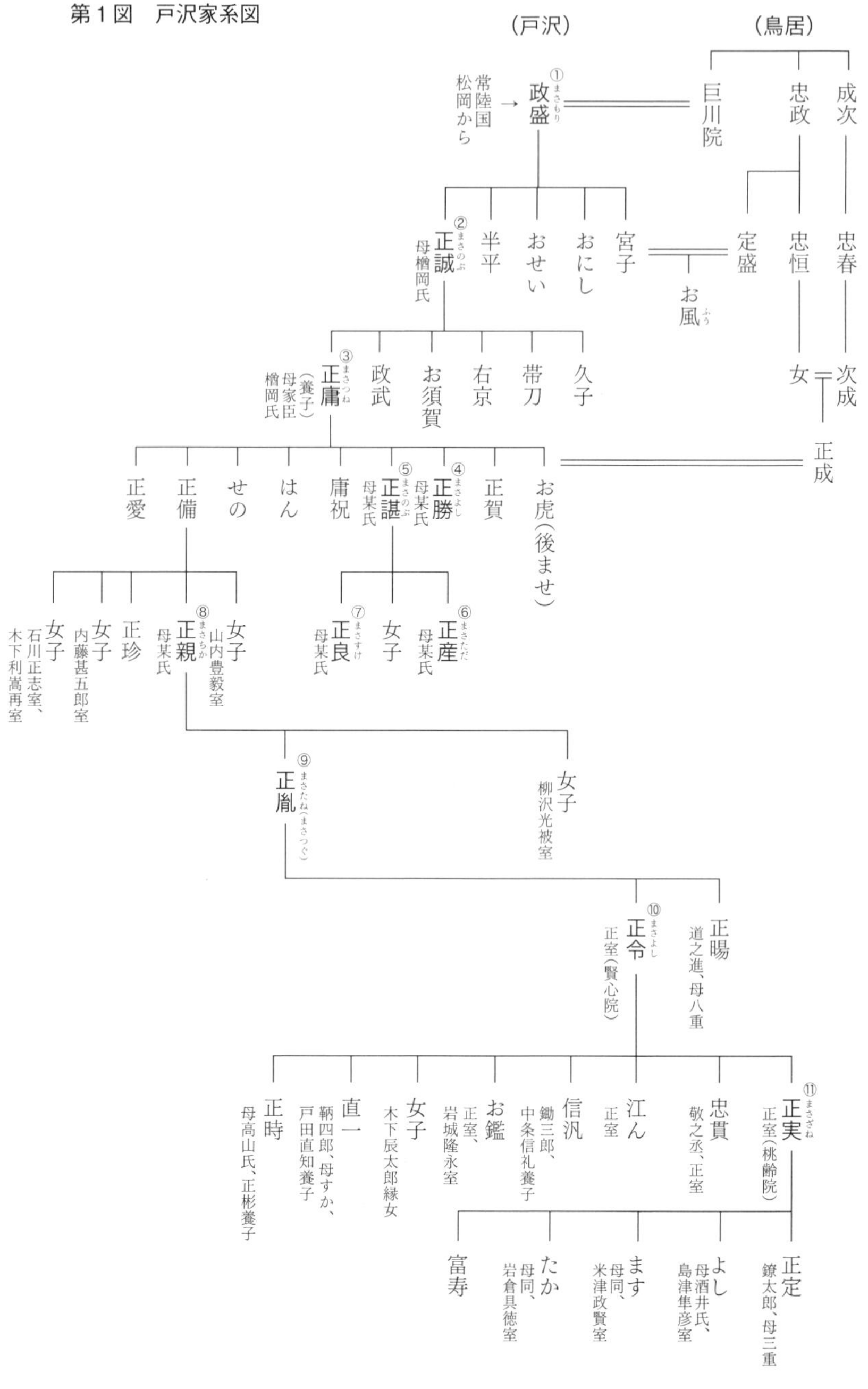

(戸沢)
(鳥居)
常陸国松岡から
①政盛《まさもり》
巨川院
忠政
成次
②正誠《まさのぶ》
母檜岡氏
半平
おせい
おにし
宮子
定盛
忠恒
忠春
お風《ふう》
③正庸《まさつね》
(養子)母家臣檜岡氏
政武
お須賀
右京
帯刀
久子
女
次成
正成
正愛
正備
せの
はん
庸祝
⑤正諶《まさのぶ》
母某氏
④正勝《まさよし》
母某氏
正賀
お虎(後ませ)
女子
石川正志室、木下利嵩再室
女子
内藤甚五郎室
正珍
⑧正親《まさちか》
母某氏
女子
山内豊毅室
⑦正良《まさすけ》
母某氏
女子
⑥正産《まさただ》
母某氏
⑨正胤《まさたね(まさつぐ)》
女子
柳沢光被室
⑩正令《まさよし》
正室(賢心院)
正暘
道之進、母八重
正時
母高山氏、正彬養子
直一
鞆四郎、母すか、戸田直知養子
女子
木下辰太郎縁女
お鑑
正室、岩城隆永室
信汎
鋤三郎、中条信礼養子
江ん
正室
忠貫
敬之丞、正室
⑪正実《まさざね》
正室(桃齢院)
富寿
たか
母同、岩倉具徳室
ます
母同、米津政賢室
よし
母酒井氏、島津隼彦室
正定
鐐太郎、母三重

第1表　歴代藩主諱・官名・法名・生没年・在位・所領等一覧

姓	諱	受領名または官名	通称	生没年月日	法名と菩提所（所在地）	藩主就任・退任年月日	石高変遷年月日（西暦）	石高（表高）	領地（国郡名）
戸沢	政盛	右京亮	九郎五郎	天正十三〜 慶安一・閏一・二二	源勝院殿庭山前公 常林寺（東京都港区三田） 瑞雲院（山形県新庄市十日町太田）	元和八・一〇・一九〜 慶安一・閏一・二二	元和八・一〇・一 （一六二二）	六〇〇〇〇	出羽国最上郡および村山郡の一部
							寛永二・三・七 （一六二五）	六八二〇〇	出羽国最上郡および村山郡の一部
戸沢	正誠	能登守	千代鶴	寛永十七・一〇・一三〜 享保七・二・三	香雲寺殿故中書省荘海慧巌大禅定門、後贈香雲寺 桂嶽寺（山形県新庄市十日町上西山）	慶安三・八・七〜 宝永七・二・一二		〃	〃
戸沢	正庸	上総介	内記	寛文四・五・四〜 元文五・一二・二七	源徳院瀧山常隆 瑞雲院（同前）	宝永七・二・一二〜 元文二・一二・五		〃	〃
戸沢	正勝	上総介	六三郎	享保七・五・三〜 延享二・八・一四	威箭院重山両透 常林寺（同前） 瑞雲院（同前）	元文二・一二・五〜 延享二・八・一四		〃	〃
戸沢	正諶	上総介	猪野七郎	享保七・七・一一〜 明和二・九・二〇	智徳院仁山宗勇 常林寺（同前） 瑞雲院（同前）	延享二・一〇・七〜 明和二・九・二〇		〃	〃
戸沢	正産	能登守	孝次郎	宝暦十・六・二三〜 安永九・一〇・三	宿仙院徳巌慈本 瑞雲院（同前）	明和二・一一・一二〜 安永九・一〇・三		〃	〃

戸沢	正良	主計頭	左京	宝暦十二・閏四・一六～ 天明六・八・一〇	戒運院勇山良将 瑞雲院(同前)	安永九・一二・七～ 天明六・八・一〇		〃	〃
戸沢	正親	上総介	城之進	宝暦七・三・三～ 寛政八・九・一八	賢涼院寛翁道清 瑞雲院(同前)	天明六・閏一〇・七～ 寛政八・九・一八		〃	〃
戸沢	正胤	大和守	金太郎	寛政四・一二・一〇～ 安政五・七・一三	賢徳院義翁仁道 瑞雲院(同前)	寛政八・一一・一九～ 天保十一・三・一八		〃	〃
戸沢	正令	能登守	千代鶴	文化十・一・二～ 天保十四・五・二二	仁亮院豪道善雄 常林寺(同前) 瑞雲院(同前)	天保十一・三・一八～ 天保十四・五・二二		〃	〃
戸沢	正実	上総介	千代鶴	天保三・一一・一七～ 明治二十九・八・一六	正龍院実翁禅相 瑞雲院(同前)	天保十四・七・一六～ 明治二・三・二七	明治二・六・二	〃	〃 一万五〇〇〇石賞典拝領

第2図　戸沢家家紋

表紋

裏紋

下賜品・建造物
などの紋所

馬標　三階笠

陣した折、咄嗟の機転で、三枚の陣笠を槍に刺して自分の陣所を秀吉に知らせ、後に恩賞にあずかったので、これを馬標にした、というのである。

初代藩主政盛の諸政策

元和九年(一六二三)、真室城に入った新庄藩初代藩主戸沢政盛は、早々に家臣団を整えて支配機構の強化をはかる。同時に本拠とする新庄城の築城、城下町の建設を急ぎ、また、領内の大規模な新田開発《しんでんかいはつ》、鉱山開発を推進して生産力の増強、諸産業の振興をはかった。かつ、領内の年貢米や余剰産物を北海路《ほっかいろ》(後の西廻り航路)に乗せて京・大坂の上方市場に移出し、藩財政の確立をはかった。

このほか、領内総検地の実施、刈束法《かりそくほう》★から斗代法《とだいほう》★への税制の改革を行って、年貢徴収の強化をはかっているが、これは完成の域に達せず、その多くは二代藩主正誠《まさのぶ》に委ねざるを得なかった。

新庄城築城

これらの藩政確立のための諸政策をやや具体的にみると、次のようである。

第一の新庄城築城については、政盛は新庄入部に当たって、当初真室城《まむろじょう》に入

▼刈束法
土地の生産力を稲の収穫高で表す方法(当該の土地から稲何束とれるか)。

▼斗代法
土地の生産力を米の量で表す法(一反歩当たり何斗何升収穫できるか)。

ったことは前に記したが、これは仮のことであって、元来は、新庄盆地のほぼ中央にある、従来、最上家武将日野《ひの》将監《しょうげん》が館を構えていた新庄城（現在の新庄市最上公園）を将来に向けての本拠と定めていた。ただ、日野氏居館は、六万石の大名の居城としては、あまりにも小規模であったので、政盛はこれに隣接して北側に東西五二間（九四メートル）、南北一二七間（一一三九メートル）の土地を区画してこれを本丸とし、周りに土塁と堀を巡らし、その三隅にそれぞれ二層の隅櫓《すみやぐら》を築き、一隅に氏神天満宮《てんまんぐう》を奉祀した。また、本丸中央部に三層の天守閣を設け（天守閣は寛永十三年（一六三六）、火災により焼失、その後は再建されなかった）、この北側に幾棟かの館を配置した。

本丸を取り囲んで、二の丸の侍町を区画し、ここにも土塁と堀を巡らした。この北側に三の丸を区画してこれも侍町とし、二の丸と並んで家臣団の居住区とした。さらに、二の丸東側中央に大手門、その南に南門、また、三の丸北側中央に同様構造の北門を設けた。

城下町整備

次に城下町（町人町）の建設であるが、その第一は、従来、鳥越《とりごえ》村から萩野《はぎの》村・仁田山《にだやま》村（ともに新庄市）を経て、蒲沢《かばさわ》村・稲沢《いなざわ》村（ともに金山《かねやま》町）へと東

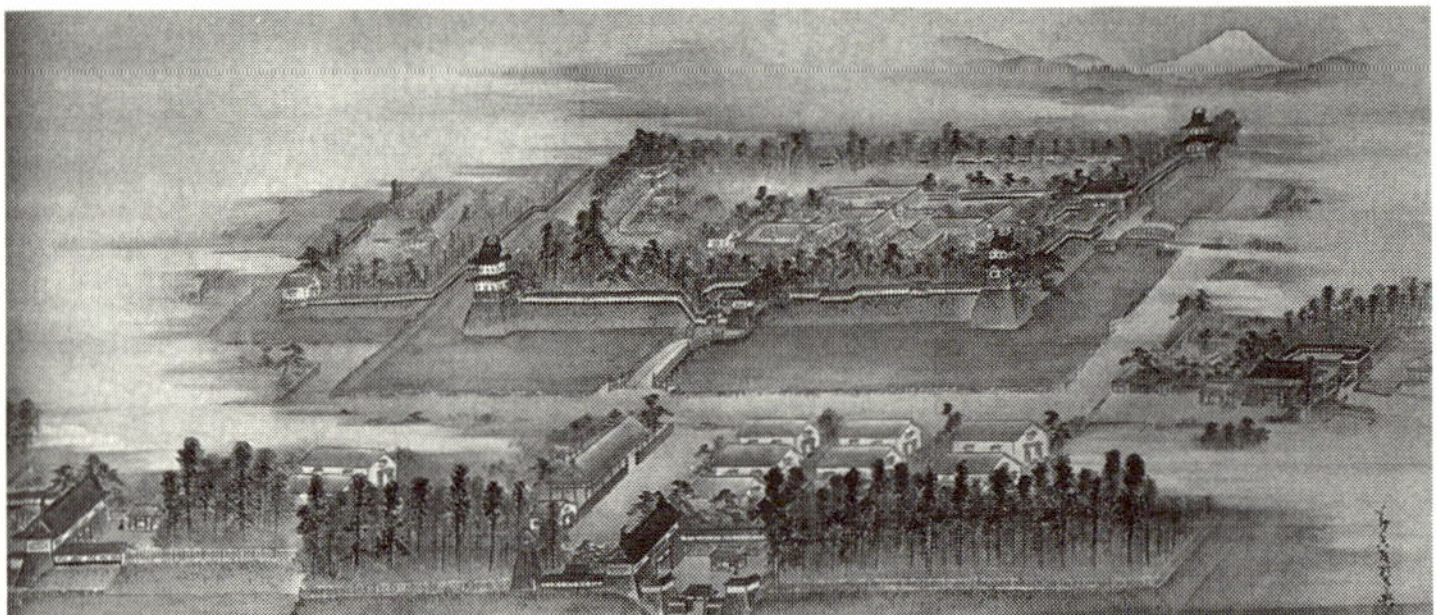

尾形芦香「新庄城絵図」

山の山麓を北に走っていた羽州街道を鳥越村北端において西進させ、新庄城を東から北へととり囲む形で走らせ、この両側に町人町を区画して、城下の繁栄を期した。金沢《かねざわ》町以下鉄砲《てっぽう》町・落合《おちあい》町・馬喰《ばくろう》町・五日《いつか》町（後の南本町）・十日《とおか》町（後の北本町）等々である。五日町・十日町は、二の丸東側の通りの中央部に当たり、有力御用商人が軒を並べ、参勤交代の北羽諸大名の宿所たる本陣（南・北両本陣）・問屋などが配されている城下随一の繁華街であった。

　羽州街道をはじめ、市中の道路は至るところで鉤《かぎ》形に曲折され、この角々の要所には、寺院・神社・修験などを配置して、万一の場合の防衛の拠点とした。特に、羽州街道の南北の出入口及び庄内街道の入口辺は足軽町を区画し、また、寺院を集中的に配置して、敵の進攻に対する備えとした。上金沢《かみかねざわ》町の円応寺《えんのうじ》・接《しょう》引《いん》寺・松巌《しょうがん》寺、太田の瑞雲《ずいうん》院・会林《えりん》寺・英照《えいしょう》院・福昌《ふくしょう》寺（現在廃寺）などは、すべて城下町建設に当たって他から移され、計画的に置かれた寺院である。

　また、城下町を見下ろす四囲の丘の上には、これを鎮護する寺院・神社が配置された。山屋《やまや》の薬師堂（東）、下西山《しもにしやま》の愛宕《おたご》社（西）、鳥越山の八幡宮（南）等がこれである。

　こうしてみると、政盛の城下町建設構想は、かなり壮大なものであったことがうかがわれる。しかし、二代藩主正誠の時代に至ると、特に侍町の拡張・整備が必要となり、城下町全体の一大改革が行われる。このことについては後述する。

指首野・津谷野の新田開発

第二は領内の大規模な新田開発・鉱山開発である。新田開発・鉱山開発は、ともに領内生産力を増強し、ひいては年貢・諸納の増徴をもたらす藩財政最大の基礎であるので、いずれの藩でも最も重点をおいた政策である。政盛の新田開発のうち、最も大規模な開発は、指首野《さすの》・塩野《しおの》の開発と津谷野《つやの》・鞭打野《むちうちの》の開発である。

指首野・塩野は新庄の北郊、金山町までの間の、泉田川中流域の広漠たる平原である。泉田川が形成した扇状地扇央部に当たるため、古来水の便が悪く、ほとんどが原野のままに残されていた。政盛はこの地の開発を企て、当時、旧主を失って庭月村《にわつき》(鮭川村《さけかわ》)に帰農していた鮭延氏の遺臣岩間作右衛門《いわまさくえもん》を取り立てて開発の棟梁に任じ、小国郷《おぐにごう》(最上町)の農民八人を移して、この地を横断している羽州街道の両側に家屋敷を与えて住まわせ、開拓の拠点とした。後に、これが発展して泉田村となった。開発田の用水としては、上流部の吉沢村《よしざわ》に大堤・小堤の二堤を築き、この貯水を専用せしめた。

さらに、泉田村北方約三キロの地点に領内一二郷から各一戸、計一二戸を移して、同じく羽州街道沿いに家屋敷を与え、開発の拠点とした(赤坂村《あかさか》)。なお、この赤坂村には、羽州街道新庄宿と金山宿の間があまりにも遠いので、この間の

「間《あい》の宿」の役目をも負わせた。

津谷野（戸沢村）は鮭川が最上川に注ぐ河口付近の氾濫原で、たびたびの洪水のために開発が遅れていた地帯である。一部の開発はすでに最上氏時代から、鉱山師大川与五兵衛《おおかわよごへえ》（加賀国出身）などによって進められていたが、政盛はこの地の全面的開発を企て、堤防を築いて鮭川の流れを南の山の根に押し付け、開発面積を拡大し、前記大川氏を用いて開発に当たらせた。鞭打野（戸沢村）は、鮭川下流部の右岸段丘面の広大な平原であるが、鮭川からの比高が大で、水利を得ることができず、荒地のままであったが、政盛はこの地の畑地を主とした開発を推進した。

領内鉱山の開発

また、鉱山の開発については、谷口銀山（金山町）と永松銅山（大蔵村）の開発が注目される。ともに、前代最上氏時代の開坑であるが、政盛はこれに大規模な工事を施して、産出量の飛躍的向上をはかった。

谷口銀山は、源 義経《みなもとのよしつね》伝説で有名な金売吉次《かねうりきちじ》が発見した山と伝えられているが、事実は近接の延沢《のべさわ》銀山（尾花沢市）や院内《いんない》銀山（秋田県湯沢市）などと同じく、戦国時代、加賀・越後の山師が開いたものであろう。政盛は延沢銀山で働い

永松銅山跡

ていた大川与五兵衛を取り立てて経営主に任じ、同山の再興に当たらせた。当時、この山の繁昌はかなりのものであったらしく、「新庄寿永軒見聞集《じゅえいけんけんぶんしゅう》★」には、「鋪《しき》★の数は六十九、金掘居小屋三千軒、寺の其の数九カ寺有り、傾城《けいせい》町は七十軒、七ヶ所の常芝居花の都のごとくなり（中略）、一日正銀六十六貫目毎日出る鋪ありて」などと記されている。

もちろんこれは後世の誇張した書き方であるが、他に同山の銀によって新庄城の隅櫓を築いたとする史料もあるので、当時、新庄藩のドル箱と目されたことは確かであろう。

永松銅山は、慶長十六年（一六一一）、白岩《しらいわ》領間沢《まざわ》（寒河江《さがえ》市）の荒木源内《あらきげんない》が発見した山という（「永松銅山開鉑由来記《かいはくゆらいき》」）。政盛はこれを直山《じきやま》とし、大規模な開発を企てた。しかし、この成果が露になるのは、二代藩主正誠《まさのぶ》以降である。特に、永松銅山が栄えたのは藩政時代前期、延宝から正徳年間（十七世紀末〜十八世紀初頭）にかけてのようで、元禄十三年（一七〇〇）の産出量は「一六貫目入九〇〇〇個、運上金二七〇〇両」の信頼すべき史料がある。また、同十六年、幕府への報告書には「一ケ年平均産銅額八〇万から一〇〇万斤（約四八〇〜六〇〇トン。ただし粗銅）」とある。この額は、当時の全国の銅山二四三のうち第三位に当たる。永松銅山は藩政時代を通じて幾度かの消長はあるが、全時代にわたって藩財政を支えた。

▼「新庄寿永軒見聞集」
下野明村（金山町）の正野茂左衛門布造が寛政六年（一七九四）に、新庄領内の地理・歴史・産物・名所などをお国自慢風に著した書。

『新庄寿永軒見聞集』

▼鋪
鉱山の坑道。

年貢米その他物産の上方移出

　このほか、政盛の施策のうち、特別に注目されるのは、前にも記したように、新田開発・鉱山開発、その他の産業振興によって飛躍的に増強された領内生産物の余剰を早々に最上川・北海路によって京・大坂の上方市場に移出し、莫大な利を得、藩財政基盤の確立に資したことである。

　周知のように徳川家の覇権のもと、天下は久方ぶりに平和を取り戻し、急速に全国的流通網が整備され、全国規模の市場が形成されつつあった。市場の中心は上方、わけても商都大坂であった。大坂堂島の米市場で取引される米の値段は天下の米価を決定した。したがって、当時、各地に配された大名にとっては、如何に早く自国の経済を上方に結びつけ、年貢米ほかの物産を大坂市場に移出し、有利に換金し得るかは、藩政の成否にかかわる重大事であった。

　政盛は、新庄入部と同時に前記大川与五兵衛の資力を借り、廻船一艘を建造し、年貢米・大豆・荏《えごま》・漆《うるし》・紫根《しこん》・茜《あかね》の領内物産を敦賀（福井県）廻りにて大坂市場に移出した。大坂までのルートは、余剰の物産を最上川を下して酒田の加賀屋・鐙屋《あぶみや》などの蔵宿に集積し、これを前記の廻船に積んで日本海を南下、敦賀

上方移出のルート

港に荷揚げして陸路琵琶湖北岸の海津《かいつ》・塩津《しおつ》に至り、ここからは船で琵琶湖上を南岸の大津に渡り、ここから再び陸路にて京都ないし大坂に至る経路である。

取り立てて特産物とてない新庄藩は、特に年貢米の敦賀廻米に努力した。これはひとえに敦賀（または大坂）と新庄の米相場の格差による。当時、新庄で売却する場合の相場が一両につき八～九石であった。これに対し、上方では一両一石の相場であったという。これによっても上方市場移出の利の莫大さが推測される。新庄藩の御手船は後に三一艘にまで増加する。

政盛の逝去

政盛のこのような努力によって、新庄藩政の基礎はようやく確固たるものになりつつあった。新庄入部以来二十年、かつての青年大名政盛も、いまや老境の域に達し、時に体力の衰えをかこつようになった。寛永末年頃からは病勢が募り、病床に臥す日が続いたが、ついに、慶安元年（一六四八）閏正月二十二日、江戸桜田の藩邸に没した。享年六十四歳。遺骸は三田（東京都港区）の常林寺に葬られた。法名源勝院殿庭山前公大居士《げんしょういんでんていざんぜんこうだいこじ》。長浜次郎助《ながはまじろすけ》・阿部井半之丞《あべいはんのじょう》の二人の家臣が政盛の死に殉じた。新庄における戸沢家の菩提寺瑞雲院《ずいうんいん》においては、彼の墓は戸沢家墓所第一号棟に納められている。

戸沢家墓所第一号棟

② 二代正誠の時代

二代正誠は、その初世において、お家騒動「片岡騒動」を制して専制君主の座を確立した。その力を以て領内検地、貢租制度の確立、城下町大改造等の事業をおしすすめた。また、彼一流の文治政治を展開し、領内文化の向上もはかった。

戸沢家存亡の危機

政盛の跡を継いで二代目藩主の座についたのは正誠《まさのぶ》であるが、これはむしろ僥倖とも言うべき稀な幸運に恵まれたからであった。

前にも記したように、政盛は戸沢家の安泰をおもんばかるあまり、徳川家と縁の深い山形城主鳥居家との結びつきを強化するために、自らの子があるにもかかわらず、鳥居家から養子を迎えて、これを後嗣《こうし》★と定め、わが子のことは幕府に届け出ていなかった。

実は政盛には側室との間に五人の子どもがあったが、うち男子は、家臣楢岡《ならおか》左馬助《まのすけ》の娘久照院於左古《おさこ》との間に生まれた千代鶴《ちよづる》（後の二代藩主正誠）と、藩士戸沢長九郎《ちょうくろう》の姉との間にできた半平《はんぺい》の二人であった。この半平は九歳で死去した（寛永九年）ので、男子は千代鶴のみとなった。しかし、政盛はこれを幕府に届け

▼後嗣
跡継ぎ・嗣子。

出ず、後嗣の男子はなしとして、側室天慶院《てんぎょういん》との間にできた宮子《みやこ》に、正室の実家鳥居家から婿養子を迎えて嗣子とすることを画策したのである。迎えられた養子は山形城主鳥居忠政の二男定盛《さだもり》であった。

ところが、定盛は不幸にして養父政盛に先立って、寛永十八年（一六四一）、三十四歳で死去してしまった。定盛の死後、政盛はなおも定盛と宮子との間にできたお風《ふう》に鳥居家から婿養子を迎えて跡を継がせる底意であったが、鳥居氏の転封で実現しなかった。このお風も慶安元年（一六四八）、二十二歳で死去した。

政盛はこの後も千代鶴を嗣子とは認めず、重病に陥っても、なお後嗣を立てることはなかった。家臣たちは、しきりに千代鶴の相続をすすめたが、政盛は千代鶴の参府《さんぷ》★を許さず、これに背く家臣は厳罰に処すと命じた。

ここにおいて戸沢家はまたしても存亡の危機に陥った。このとき、主家のために身を挺して千代鶴を江戸に登らせたのは、老臣片岡杢之助《かたおかもくのすけ》であった。

▼参府
大名などが江戸に参勤または出府する。

正誠、二代藩主の座に

彼は独断で千代鶴を江戸に登らせ、政盛に面会せしめた。慶安元年閏正月、千代鶴九歳のときである。この十三日後、政盛は死去した。家臣らは百方画策して千代鶴の家督相続を幕府に願い出たが、幕府は彼が未だ幼少との理由で、これを許さなかった。

幕府が正誠（千代鶴）の家督相続を認め、領知状を下したのはこの二年後の慶安三年（一六五〇）八月のことである。この約三年間は藩主不在の期間で、家中一同にとっては、この上もない不安な年月であった。このため、家臣の中には戸沢家を離れた者も少なくなかったという（『新庄古老覚書』）。

かくして、偶然の積み重ねによって、藩主の座についた正誠ではあったが、その後は意外の幸運に恵まれ、宝永七年（一七一〇）、七十一歳で隠居するまで、実に六十年の長きにわたって専制的藩主として領内に君臨し、さらに、隠居後も、享保七年（一七二二）、八十三歳の生涯を閉じるまで、養子三代藩主正庸《まさつね》の後ろ楯として隠然たる勢力を振るったので、都合七十年にわたって藩政を壟断《ろうだん》したことになる。

香雲寺様時代

この間、彼はその初世において、戸沢家最大のお家騒動、片岡騒動《かたおかそうどう》（次ページ詳述）を処断して旧勢力を一掃し、専制藩主の地位を確立した。また、新庄城及び城下町の一大拡張を断行し、さらに領内総検地の実施、年貢収取体系の確立に辣腕を振るい、多数の学者・武芸者・文人・書家・能役者・相撲取りを新規に召し抱え、彼一流の文治政治を展開した。新庄藩政はこれらの諸政策によって確立されたと言っても過言ではない。

正誠時代、新庄藩は全盛時代を迎えた。領内人口が藩政時代全期を通じてピークに達し（元禄十六年五万八五一一人）、年貢収納高も最高額（一三万二七三俵余）を示した（同十三年）。元禄二年（一六八九）、奥の細道を行脚《あんぎゃ》した松尾芭蕉が新庄を訪れ、俳人風流亭《ふうりゅうてい》に二泊し、土地の人々と膝を交えて歌仙を巻いた★のもこの時代である。

正誠の治世は、後世、「香雲寺《こううんじ》様時代」と呼ばれ、彼の専制ぶりを語るさまざまの伝説（香雲寺様伝説）がいまに語り継がれている（拙稿『山形県最上地方伝説集』）。

片岡騒動・戸沢家のお家騒動

片岡騒動は、新庄藩政確立期に起こった戸沢家のお家騒動である。この背景には複雑な藩内の事情があった。その一は藩主の交替であり、二はこれに伴う藩政の主導権をめぐる重臣間の対立、三は中渡《なかわたり》村（鮭川村）に起こった農民騒動である。片岡騒動は、これを反映して極めて複雑な様相を呈した、新庄藩最大のお家騒動である。事の次第は次のようである。

前にみたように、初代藩主政盛は、慶安元年（一六四八）、後嗣を定めないまま

▼**歌仙を巻く**　連歌・俳諧で二枚の懐紙に三六句より成る句を作る。

芭蕉の句碑
風の香も　南に近し　最上川

に没してしまった。彼には、後に二代藩主になる実子正誠（幼名千代鶴）がいたのであるが、妻の実家鳥居家への義理立てから、彼を嗣子として認めてはいなかった。重臣らは百方画策して、正誠の家督相続を幕府に願い出たのであるが、幕府は彼は未だ幼少との理由で容易にこれを認めようとはしなかった。ようやく、正誠の家督相続が許されるのは、この二年後、慶安三年であるが、その後も、幕府は正誠が国許に帰ることを許さず、初めてこれが許されたのは万治二年（一六五九）のことである。

この間、国許にあって執政の任に当たったのは、戸沢《とざわ》勘兵衛《かんべえ》・片岡杢之助・井《い》関大学《せきだいがく》の三重臣であったが、この陰にあって隠然たる権力を振るい、藩政を牛耳っていたのは、政盛の側室天慶院であった。政盛の跡を継いだ正誠にとっては継母に当たるが、彼とても天慶院の意向を無視しては国政を進めることはできなかった。

重臣間の対立

政盛の晩年以降は、天慶院と前記三家老の協力によって藩政が推進されていたが、承応元年（一六五二）、片岡杢之助が亡くなると、他の二人も相次いで世を去り、その後はこの三人の嫡子たちが家老の座につき、藩政を担当した。

やがて、この三人のうち、片岡理兵衛《りへえ》、戸沢伝右衛門《でんえもん》の間に激烈な勢力争いが始まり、二人は事ごとに対立した。片岡は領内の新田開発や利水などに業績を上げた有能な士で、実力者天慶院と結んで侮り難い勢力を有していた。これに対して、戸沢伝右衛門は藩士の大部分を味方に引き入れ、また、年少の藩主正誠と結んで、理兵衛・天慶院と対抗した。

この形勢は、万治二年（一六五九）の正誠の帰国によって一変した。いまや、青年の域に達した正誠は生来の個性を発揮し、天慶院の軛《くびき》を逃れ、名実ともに一国の君主としての威厳を示し、専制的に振る舞おうとしたからである。彼は天慶院と対立する以上、伝右衛門との結びつきを強化するのは当然のことである。かくて、理兵衛との対立は一層先鋭化した。この対立は中渡村（鮭川村）の百姓騒動を契機に一気に爆発した。

中渡村騒動

中渡村は、元和《げんな》以前、下総《しもうさ》国から下った荒木氏らによって開かれた村で、当時は正誠の姉の知行地になっていた。この頃、理由は明らかでないが、同村の百姓治兵衛《じへえ》（庄屋の弟という）は庄屋荒木八郎左衛門と対立し、明暦二年（一六五六）以来、紛争を繰り返していた。この争いに藩重臣両派が介入したので問題は一層

片岡理兵衛の面

紛糾した。すなわち、理兵衛は治兵衛側に味方し、彼らの要求を容れて庄屋を罷免した。

一方、戸沢伝右衛門は庄屋側に立ち、同村の百姓五七人を捕らえ、牢に入れた。理兵衛は大いに怒り、天慶院を動かして、藩主正誠に百姓の放免を強要し、さらに、村の百姓に言い含めて、鷹狩りに出た正誠に入牢の百姓の放免を直訴させた。

これによって、百姓たちは放免され、理兵衛の策は成功したが、正誠の面目は丸つぶれとなり、万治三年(一六六〇)、悶々のうちに江戸に登った。やがて、業《ごう》腹《はら》★の赴くところ、彼はついに片岡一族の成敗を決意する。この年五月、江戸の正誠の密命によって、まず、理兵衛とその家族が討たれ、次いで、彼の弟二人も討ち果たされた。

▼業腹
非常に腹が立つ、ひどくしゃくにさわる。

片岡一族成敗

片岡一族の成敗によって、中渡村においては、百姓側は一転して不利となり、首謀者は近く捕縛されるとの噂が広まった。そこで、治兵衛等一九人(家族とも一六一人)の百姓は、同年九月、与蔵峠《よぞうとうげ》を越して庄内領に逃散《ちょうさん》した(後に帰国し、名高《なだか》村を開く)。

以上が片岡騒動の概略であるが、この騒動は新庄藩政確立期における避けることのできない騒動であった。この事件を通して、正誠は門閥勢力を排除し、藩主としての絶対的な権力を確立することができた。この意味では、片岡騒動は、藩政確立期における典型的お家騒動ということができる。

城郭の拡張・整備

片岡騒動を制し、専制的君主の地位を確立した正誠《まさのぶ》は、城郭・城下町の拡張・整備をはじめ、領内総検地の実施、年貢収取体系の確立、支配機構の整備等々、藩政確立のための諸政策を次々と打ち出して、藩政の基礎を固めた。

これら諸政策のうち、新庄城の拡張・整備についてみると、その一は表御門をはじめ、裏門、大手門、北御門、南御門などの諸城門の改築である。これらの諸城門は、従来粗末な冠木門《かぶきもん》であったが、これを周囲に石垣を積んだ堅固な升形囲いとし、その上に壮大な二層の櫓門《やぐらもん》を築いたのである。櫓門は鯱鉾《しゃちほこ》を備えた瓦葺きの壮麗なものである。

その二は城郭の拡張・整備である。本丸は従来の規模であるが、二の丸は東方に大きく拡張し、ここに藩の諸役所、年貢を納める一六棟の倉庫を設けた。さらに三の丸（総郭）を設け、ここに上級・中級の家臣団を配置した。後の神明《しんめい》町（松本《まつもと》町）・石川《いしかわ》町・水上《みずかみ》町などの侍町は、この時代に新たに設置された侍町である。

第3図　宝暦年中新庄家中屋敷割絵図

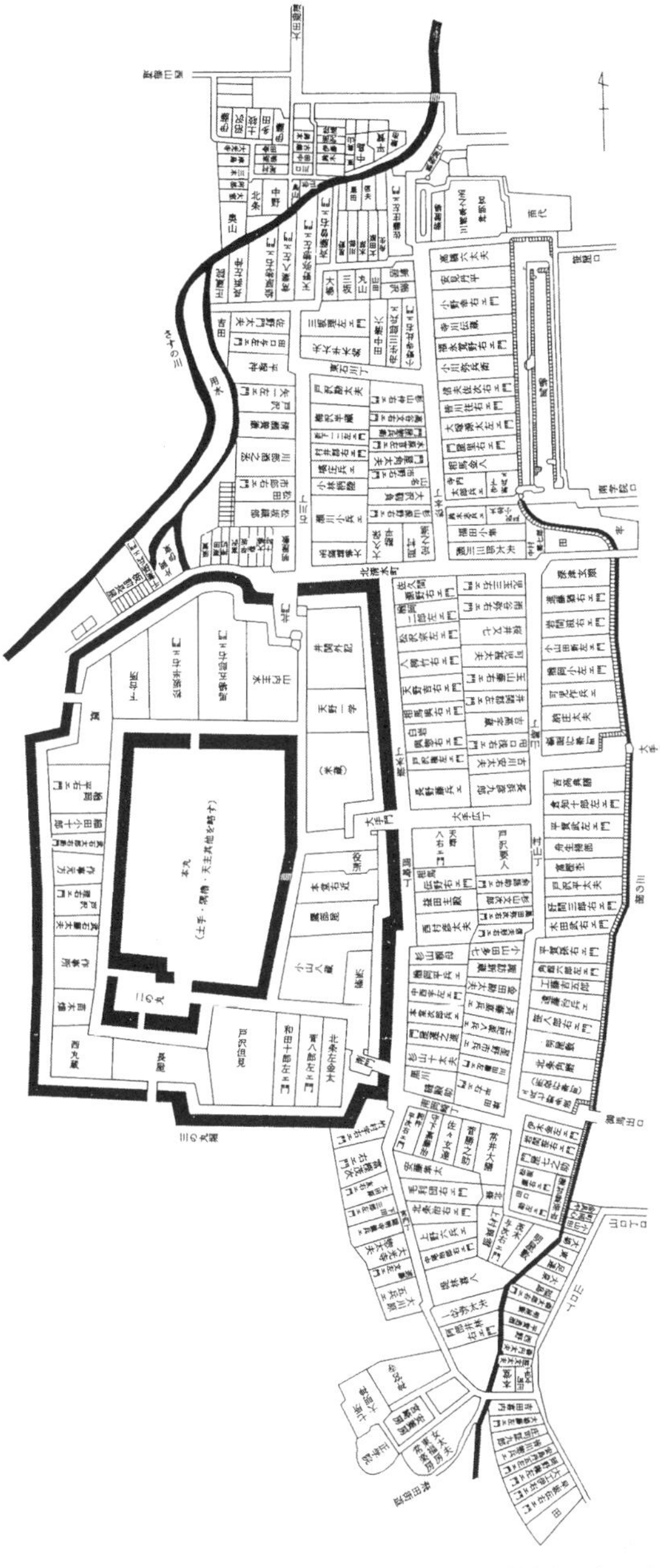

(注)各屋敷の表口間数等省略

また、三の丸の北東隅に大規模な馬場を設けたのも正誠である。現在の桜馬場《さくらばば》の町名は、当時の馬場に因むものである。このようにして、新庄城総郭は完成された。これを略図で示したのが前ページ第3図である。ただし、これは少しく時代の下る宝暦年間の図であるので、細部においては少しの相違があるかもしれない。

町人町の拡張

三の丸の新設によって、従来侍町の東縁に配されていた五日町・十日町の町人町が大きく東に移されることになった。また、馬場の新築によって、従来この地点に設けられていた羽州街道が大きく東方に移された。この分だけ町人・職人の住まう町人町が拡張されたわけである。後の町名で言えば、落合町・清水川町・馬喰町・南本町・北本町・横町・万場町・吉川町・鍛冶町等の諸町人町が新たに設けられたわけである。これらの諸町は、あたかも新庄城を取り囲むかの形で南から北に伸びる羽州街道に沿う町々で、城下の町人町の核を成す目抜き通りの繁華街である。中でも、南本町・北本町（この名称は旧町名五日町・十日町の改名であるが、これも正誠の命名という）は城下の随一繁華街で、ここには有力御用商人が軒を並べ、南北二軒の本陣が配置され、多くの旅籠《はたご》・茶屋が店を構え、殷《いん》賑《しん》をきわめていた。この正誠の城下町建設の大事業は明暦二〜三年（一六五六〜五七）に実施されたと考えられる。

正誠は、さらに城下の鎮めとして鳥越八幡宮の拝殿を新築し、西山の岡に後の桂嶽寺《けいがくじ》を建て、新庄城の鬼門《きもん》の鎮護として金山町の神明宮を吉川町裏手に移して、荘厳な社殿を造営した。かくして、新庄城下町の基本形は完成の域に達した。この基本構造は、城下の街路の走りといい、諸町の範囲といい、中心商店街の配置といい、基本的には現在も変わるところはない。

延宝の総検地

次に領内総検地の実施である。藩財政の基礎は農民から徴収する年貢であり、その前提としての田畑・屋敷の正確な検査（検地）である。この意味で、検地は藩政の決定的な重要事である。それ故、いずこの藩においても、その初世において、厳しい総検地を実施して領内生産力を確実に把握し、取れるだけの年貢を徴収するのが常である。新庄藩においても、検地は政盛の入部以来しばしば繰り返して実施されてきたが、それは未だ厳格な統一基準を設けての検地ではなかった。このような統一基準が定められるのは、正誠時代の延宝六年（一六七八）のことで、「検地被仰付候御条目次第」がこれである。もっとも、これは従来とも事実上行われてきた基準をこの段階で体系化し、領内一般に適用する統一基準として示したものと考えられる。

これによれば、検地棹の長さは一丈二尺とし、これで測った三〇〇坪を一反とせよ、田畑の等級は上々・上・中・下・下々の五段とせよ、悪田といえども正確に測量して、坪数を記し、肩書に悪田と記せ、村境を定めるときは、関係村の庄屋・組頭立ち会いの上、分杭を立てよ、寺社領も正確に検地せよ、百姓屋敷は軒下まで測って上畑並みの等級とせよ等々と細部にわたって詳細に定めている。

この後の検地は、この基準によって田畑の隅々まで厳格に丈量され、従来の縄延地や隠田が摘発されている。『吉村本・新庄領村鑑★』にある元禄十三年(一七〇〇)の領内総高の増四三五四石は、この結果と考えられる。

天和の盛付

一方、年貢収取の制度も大いに整えられた。天和《てんな》一～三年(一六八一～八三)に実施された「天和の盛付《もりつけ》」がこれである。新庄藩においては、従来年貢徴収の方法としては「刈束法」や「斗代法」に拠っていたが、このたびの改革によって、これが「石盛法《こくもり》★」に改められた。これによって、年貢は著しく高率で賦課されるようになり、藩財政は潤った。

▼『吉村本・新庄領村鑑』
『新庄領村鑑』には、新田本と吉村本の二種類がある。普通『村鑑』という時は新田本を指す。

▼石盛法
田畑一反歩当たりの生産力を十・十三などの指数で表す。

新庄藩、全盛時代を迎える

このようにして、新庄藩は正誠の治世のもと、財政は充実し、制度は整って、全盛時代を迎えることとなる。この上に立って、彼一流の文治政治を展開した。彼は多数の学者・文人・書家・能役者・武芸者・相撲取りを新規に召し抱え、鳥越八幡宮や七所明神の縁起《えんぎ》★を作らせたり、鳥越八幡宮拝殿や桂嶽寺・葉山大円院《はやまだいえんいん》を造営したり、領内の多くの町名・村名を新町村名に改称したりして、わが政治を飾らせた。

元禄二年(一六八九)、奥の細道を行脚した俳人松尾芭蕉が陸奥国から出羽国に入り、尾花沢から山寺を訪ね、大石田を経て新庄に至り、城下の俳人たちと膝を交えて歌仙を巻いたのは、この時代である。当時、新庄城下に俳聖芭蕉と座をともにして、連句を楽しむ俳人たちがいたのである。町人の教養の高さを思うべきである。この裏には、町人の富があった。城下の有力商人たちは、当時すでに、最上川・西廻り海運を通して京・大坂の上方市場と結ぶ交易網に乗って、全国を股にかけて活躍していた。当地方からは、年貢米・鉱産物・漆汁・菜種などを運び、かの地方からは古手・呉服・塩・鉄具・工芸品などを大量に導入した。活発な商業活動による彼らの富は莫大であった。彼らが移入した仏像や梵鐘なども少

▼縁起
社寺の由来、またはそれを記したもの。

なくない。屏風・掛軸・置物などの高級な工芸品は当地方の文化水準を大いに向上せしめた。

正誠の文治政治は、一面、彼の豪奢にて派手好みな個人的性向によるところも大であった。彼の放漫・豪奢な文治政治は、一方において、藩財政に深刻な逼迫を招いた。藩の年貢収納高も元禄・宝永頃（十七世紀末〜十八世紀初頭）を境にして、むしろ逓減の傾向にあり、このこともあって、藩財政は急速に困難の度を深めた。

正庸を養子に

貞享《じょうきょう》三年（一六八六）、正誠は家臣楢岡《ならおか》兵右衛門《ひょうえもん》の子正庸《まさつね》（幼名弥五郎、年二十二歳）を養子に迎えた。正誠には九人（男五・女四）の子がいたが、男子五人のうち四人はいずれも早世し、側室貞鏡院《ていきょういん》との間に生まれた政武《まさたけ》のみが無事成長した。正誠は政武に望みを託して溺愛したが、政武も不幸なことに九歳で病死してしまった（貞享二年）。正誠は悲嘆のあまり、「御膳一切不被召上」という有り様であった。政武ははじめ城下北郊太田村の万年寺に葬られたが、翌三年これを西郊上西山に移し、寺号を桂嶽寺と改めた。現在、彼の墓は上西山桂嶽寺の裏手岡の中腹にある。

正誠は、正庸を養子に迎えるに当たって、次のように申し渡した。「その方を養子に迎えるのは偏《ひとえ》に戸沢家の領知を守るためである。よってその方に子どもができても決して分知してはならない。もし、自分（正誠）に子が生まれたら、その方の子として養育し、十五歳になったら家督を譲れ」との厳命である。

宝永七年（一七一〇）、正誠は、老齢と腕の痛みを理由に隠居し、名を中務大輔と改めた。正庸に家督を譲った正誠は、このために新築した常盤町《ときわちょう》の別邸に入り、前にも増した豪奢な生活を送り、隠居の身ながら藩政に君臨した。

享保七年（一七二二）、正誠は常盤町別邸において波乱に富んだ生涯を閉じた。行年八十三歳。遺骸は愛児政武が眠る上西山桂嶽寺境内、彼の墓の上手に葬られた。現在の国指定史跡七号棟が彼の廟所である。法名香雲寺殿故《こううんじでんこ》中書省荘海《ちゅうしょしょうしょうかい》慧巌大禅定門《けいがんだいぜんじょうもん》。

戸沢家歴代肖像

これも新庄

歴代藩主

【かっこ内は在位年】

初代藩主　政盛（元和八〜慶安元＝一六二二〜四八）
入部早々に城下町の建設や領内総検地を実施し、年貢米、その他領内産物の京・大坂への上方移出をはかり、藩財政の確立に努めた。

二代藩主　正誠（慶安三〜宝永七＝一六五〇〜一七一〇）
政盛の死後、九歳で家督を継ぎ、十一歳で二代藩主となる。政盛の妾久照院の子として生まれたが、父には嗣子とは認められなかった。戸沢家の内紛「片岡騒動」を処断し、専制藩主の地位を確立した。城下町の一大改造を断行する一方年貢徴収体制の確立に辣腕をふるった。また、多くの学者・文人・能役者・武芸者を新規に召し抱え、一流の文治政治を展開した。

三代藩主　正庸（宝永七〜元文二＝一七一〇〜三七）
家臣楢岡家から養子として戸沢家に入り、正誠の隠居後に藩主となった。逼迫する藩財政改善のために家臣から大幅な「借上げ」を断行し、農民法令「正徳の条々」を発布するなど、藩政の改革に努めた。

四代藩主　正勝（元文二〜延享二＝一七三七〜四五）
治世の時代、貧富の差は拡大し、一般農民の生活苦は深刻なものとなった。事態の改善のためにたびたび倹約令を発布するも見るべき功を収めることはなかった。

五代藩主　正諶（延享二〜明和二＝一七四五〜六五）
二〇年にわたる長い治世の間、宝暦の大飢饉、新庄大火、最上川大洪水など度重なる天災地変に襲われ、その対策に追われた。幕府から米三〇〇〇石を借りたり、自ら永松銅山を訪れ増産を促したり藩財政の改善をはかったが、立て直すことはできなかった。現在「東北一の山車祭り」とうたわれる新庄祭りは、宝暦五年の大飢饉の餓死者を供養するために、翌六年に始めさせた祭りと伝えられている。

六代藩主　正産（明和二〜安永九＝一七六五〜八〇）
家老北条六右衛門とともに、前代から続き藩財政の回復を目指し「安永の改革」を推進した。農民に対する離村禁止令や人口増加のための赤子養育令を頻発し、藩政の立て直しをはかった。

七代藩主　正良（安永九〜天明六＝一七八〇〜八六）
宝暦の飢饉と並び称せられる天明の飢饉に襲われ、御用商人から借金をしなければならないほど財政難に窮した。藩要路の者が御用商人から訴えられるなどの事件も起こった。

八代藩主　正親（天明六〜寛政八＝一七八六〜九六）
寛政七年に養老の典を催し、七十歳以上の老人を招き酒食を饗するなどの一方、藩財政は困難の度を深めた。領民に伊勢参宮、善光寺参りを口実とする離村禁止令を出し、領内の旅行規制、商業活動の統制を強化した。

九代藩主　正胤（寛政八〜天保十一＝一七九六〜一八四〇）
村山一揆、お家騒動などなにかと騒動の多い時代であった上に、天保の大飢饉にも襲われ、藩政は危機的状況に陥った。これに対し、養蚕・織物の先進地から教師を招き、製糸・織物産業の振興に努め、国産方・苗木方を新設するなど国産の奨励をはかった。

十代藩主　正令（天保十一〜十四＝一八四〇〜四三）
江戸の藩邸に生まれ育ち、国許に帰ったのはただ一度だけであった。歴代藩主の中で唯一人、和歌・国学の造詣が深く、多くの著作を残した。

十一代藩主　正実（天保十四〜明治二＝一八四三〜六九）
父の死後、わずか十一歳で藩主の座についた。家老・吉高勘解由の主導による「嘉永の藩政改革」を断行した。戊辰戦争の際は、秋田領に退き難を逃れ、官軍側が優勢になると故国に帰った。明治二年三月、版籍の奉還を願い出て、最後の藩主となった。

第三章 藩政の展開

支配機構の整備は進んだが、財政難、三度の凶作・飢饉で塗炭の苦しみを味わう。

1

新庄藩の支配機構

新庄藩の施政は、家老・番頭・用人・本〆・物頭・寺社奉行・町奉行・作事奉行・代官・目付等々の役人によって執行された。領内を一二の郷に分かち、各郷に一名の代官を配し、管轄下の諸村の支配に当たらせた。領内は隈なく支配組織に組み入れられ、村民は規制されていた。

職制(1)　家老・番頭・用人他

新庄藩の施政は、家老以下、番頭・奉行・取次・目付・代官などの各役人によって行われていた。もちろん、この支配機構は時代とともに整備されてきたもので、創業当初からのものではない。このことについて『新庄古老覚書』は、ある老人の話として、次のように記している。

以前は設けられていなかった役職が次々と置かれ、また、各係の員数も増して、寛文十一年(一六七一)頃には、一騎役《いっきやく》のみで四六人も役につくようになった。内訳は家老三人、用人四人、江戸留守居一人、郡奉行《こおりぶぎょう》一人、勘定番二人、組頭六人、番頭六人、使番六人、本〆《もとじめ》四人、寺社奉行一人、旗奉行一人、長柄奉行五人、作事奉行一人、道奉行一人、宗門改二人、兵具方二人である。このほか、作事方小奉行、二の丸番頭、吟味役、水道役、夜廻目付などの無足の役人も新規に置かれるようになった。

　このことからみると、新庄藩の職制は、万治から寛文末年（一六五八～七三）にかけて整備、確立されたとみてよいようである。その後も、時の推移に応じて、幾度かの役所の改廃、新規の増設、員数の変更などがあるが、幕末の頃の支配機構は大略次のようである。

△家老　年寄ともいう。定員四～五人。禄高五百石以上の者を任ずる（少禄の者は足高して任ずる）。内外万般の事務を掌る。

△中老　非常置。陪席家老。政務に参与。

△番頭　一番組から六番組までの頭。各組三〇人の番士（組侍）を統轄。番士は常には広間に宿直する（広間番士という）。三百石以下扶持方の者も含む。

　この下に「定火消」（各組二人計一二人、同添役各組一人計六人）と「宗門奉行」（四人、隔年二人ずつ年番を務める）をおく。

△用人　七、八～一〇人。藩主の側にいて各種の事務を掌る。うち、四～五人は近習頭を兼ねる。奥向き及び内部の役務を処理し、人員を支配する。うち先官★三人は足軽組を支配する。この下に「側小姓」（藩主の給仕、小間使。殿中に宿泊）・「表小姓」（「通小姓」ともいう。役柄は側小姓とほぼ同じ）・「小納戸」・「大納戸」・「右筆《ゆうひつ》所」・「上台所」・「ヒ

▼先官
先に任官したもの。

医」・「座敷方」・「庭方」・「水道方」・「医師」・「茶道」・「苗木方」・「並木方」をおく。

△側用人　一人。常に君側にあって主君を補佐する。

職制(2)　本〆・物頭・寺社奉行他

△本〆　三人。金銭出納一般の会計事務を掌り、国産物を統括する。吟味役・小役人を支配し、御持筒・御長柄組を預かる。この下に「西丸請払方」・「下台所」・「作事元方」・「薪方」・「厩請払方《うまやうけはらいかた》」・「蠟燭方」・「紙方」・「手船方」・「萱方」・「人別方」・「萱払方」（以上を小役人という）、「勘定頭」（およそ五人。金銭出入りを監査し、年度の会計を処理し、平勘定を支配）、「鉄物方」・「証文方」・「知行方」・「無足方《むそくかた》」・「郡方《こおりがた》」・「書役《かきやく》」・「本〆方書役」・「銅方」・「帳役方」・「買物方」・「末書方」・「吟味役」（会計一般のことにつき、諸役方出納精算の検査を行う）をおく。

△寺社奉行　二人。領内寺社一般を掌る。取次を兼務する。

△取次　定員なし。諸侯はじめ、来客、使者の応接、また、重要な披露物を掌る。ほかに領内寺社の護符の取り次ぎ、年始御礼時の披露が主な役目。

うち一人は寄合組の、一人は二の丸番士・中小姓の支配頭を兼務。

△留守居　一〜二人。下に「添役」一人、「書役」一人をおく。江戸に在勤。公辺の事務を扱い、諸家への使者、応接を掌る。

△旗奉行　一人。軍旗を掌る。

△物頭　一〇人。弓鉄砲の者を支配し、軍陣の先鋒に立つ。弓の者五組（一組二〇人ずつ）、鉄砲の者八組（一組二五人ずつ）計一三組のうち、一〇組を支配する（他三組は本〆が支配）。各組ごとに小頭一人、代番一人ずつをおく。また、各所の門を守衛する。

△郡奉行　三人。土地・租税・人民など、村落に関する事務すべてを掌る。うち、二人は足軽飛脚を支配。下に「書役」二人をおく。

△代官　一二人。領内一二郷に各一人ずつをおく。管内各村の租税を中心に、事務一切を掌る。この下に「郷手代《ごうてだい》」をおく。

△地方《じかた》　土地の変更による租税の移動を調査する。下に「普請方」・「川筋方」（水害・川欠などの破損を調査し、堤防修理などを掌る）をおく。

△目付　六人。城中及び藩中のことを監督し、布令その他を掌る。うち一人は服忌令係。また、足軽組・御長柄・添長柄の組を預かることもある。下に「徒士目付」（定員なし）、「夜廻目付」（同上）、「足軽目付」（同上）をおく。

△横目付《よこ》　一人。管内一般のことを監察し、藩主に直接進言できる（この場合は小姓以下を人払いして、諸役人の是非を言上。また、藩主の質問に応ずる）。

職制⑶ 町奉行・作事奉行・刀番

△町奉行　二人。市街一般の事務を処理。下に町人から抜擢した「町年寄」（四〜五人）、「同下役」（三人）をおく。

訴訟聴断については、寺社奉行、郡奉行、町奉行の三奉行で分担して行う。寺社奉行は僧侶・山伏を、郡奉行は村方のことを、町奉行は町方のことを掌る。評定所を町奉行役方におき、先官の者がここに赴く。犯罪人があれば、先手足軽をして犯人をここに引き付け、糾弾する。寺社奉行・郡奉行・目付・町奉行・勘定頭、各一名ずつがこれを担当する。これを五奉行と称し、家老一人がこれを管理する。

町奉行の下に「町同心」・「目明」・「牢守」をおき、犯罪人の評定所出入りを掌らせる。

△長柄《ながえ》奉行　五人。軍事に関し、物頭に次ぐ役目を持つ。長柄の者一組ずつを支配する。組ごとに小頭一人、代番一人をおく。常には城中に在番し

て各役司に使用される。

△作事奉行　二人。城中及び諸役所、その他藩主が造営した寺社の修繕を掌り、また、すべての作事に関する諸職人を支配する。下に「小奉行」（二人）・「杖突き」（二人）・「大工」・「木挽」・「屋根葺」・「瓦師」をおく。

△使役《つかいやく》　定員なし。諸侯その他の使者を掌る。使番ともいう。

△道奉行　二人。下に「道手代」（二人）をおく。国道及びその他の道路の修繕・掃除及び並木・橋梁のことを掌る。

△小納戸《こなんど》　戸沢家伝来の重宝を管理し、藩主の衣服、御手元金などを掌り、職人「研師」（二人）・「柄巻師」（一人）・「仕立物師」（三人）を支配する。

△刀番　四人。お供の衆のことを掌り、徒士を支配する。藩主の行列には、徒士が駕籠の前に立ち、中小姓が脇を守り、刀番がその中心となる。下に「徒士小頭」（一人）、従士（定員なし）をおく。

新庄藩の職制は大略以上である。これを機構図化したのが次ページの第4図である。

以上が幕末期における職制の大綱であるが、細部にわたっては、このほかさまざまの慣例に基づく細かい役職が定められている。

第４図　新庄藩職制大綱（幕末頃）

- 藩主
  - 家老　4～5人
    - 番頭　6人
      - 定火消　12人―添役　6人
      - 宗門奉行
    - 用人　7～10人
      - 側小姓
      - 表小姓
      - 小納戸―研師　2人・柄巻師・仕立物師
      - 大納戸　定員なし
      - 右筆所
      - 上台所―膳番　2人・上台所役　2人・料理　7人・膳扱・板前　7人
      - 匕医
      - 座敷方
      - 庭方
      - 水道方
      - 医師
      - 茶道
      - 苗木方
      - 並木方
    - 本〆　3人―勘定頭　5人―吟味役―小役人
    - 寺社奉行　2人
    - 取次　定員なし
    - 留守居　1～2人―添役―書役　1人
    - 旗奉行　1人
    - 物頭　10人
    - 郡奉行　3人―書役　2人
    - 代官　12人―郷手代
    - 地方―普請方・川筋方
    - 目付　6人―徒士目付　定員なし・夜廻目付　定員なし・足軽目付　定員なし
    - 町奉行　2人
      - 町年寄　4～5人―下役　3人
      - 町同心―目明―牢守
    - 長柄奉行　5人
    - 作事奉行　2人―小奉行　2人―杖突　2人―大工・木挽・屋根葺・瓦師
    - 使役　定員なし
    - 道奉行　2人―道手代　2人
    - 刀番　4人―徒士小頭―徒士　定員なし
  - 中老　非常置
  - 側用人　1人
  - 横目付　1人

郷村支配・一二郷に分かつ

藩は六万八千二百石の領内を一二の郷《ごう》に分かち、その各々に代官一名をおいて領民の支配に当たらせた。一二郷は、上・下小国《おぐに》郷、南・北本町郷、舟形《ふながた》郷、古口《ふるくち》郷、庭月《にわつき》郷、川口《かわぐち》郷、大沢《おおさわ》郷、金山《かねやま》郷、上・下谷地《やち》郷の各郷であるが、それぞれの位置や範囲は次掲第5図のとおりである。このうち、金山・大沢・古口・舟形・両小国・両谷地の各郷には代官役所を設け、代官がここに赴き事務を執ったが、その他の郷については、城下にある代官の自宅を代官役所に当てて事務を執行した。一二の各郷には、それぞれ数カ村ないし十数カ村が含まれ、代官の支配に従った。領内各村がいずれの郷に属したかを示したのが次掲第2表である。

領内一二郷の行政区画がいつの段階で定められたかは明らかでないが、藩主の代替わりごとに幕府から賜る領知状における村名の配列、その他の関連史料からみて、万治年間から寛文初年の頃(十七世紀中葉)と考えられる。

代官の職務

代官の任務は、藩から発せられるさまざまな布令、命令の管内村々への伝達、

第５図　新庄藩12郷（内、最上郡10郷の図）

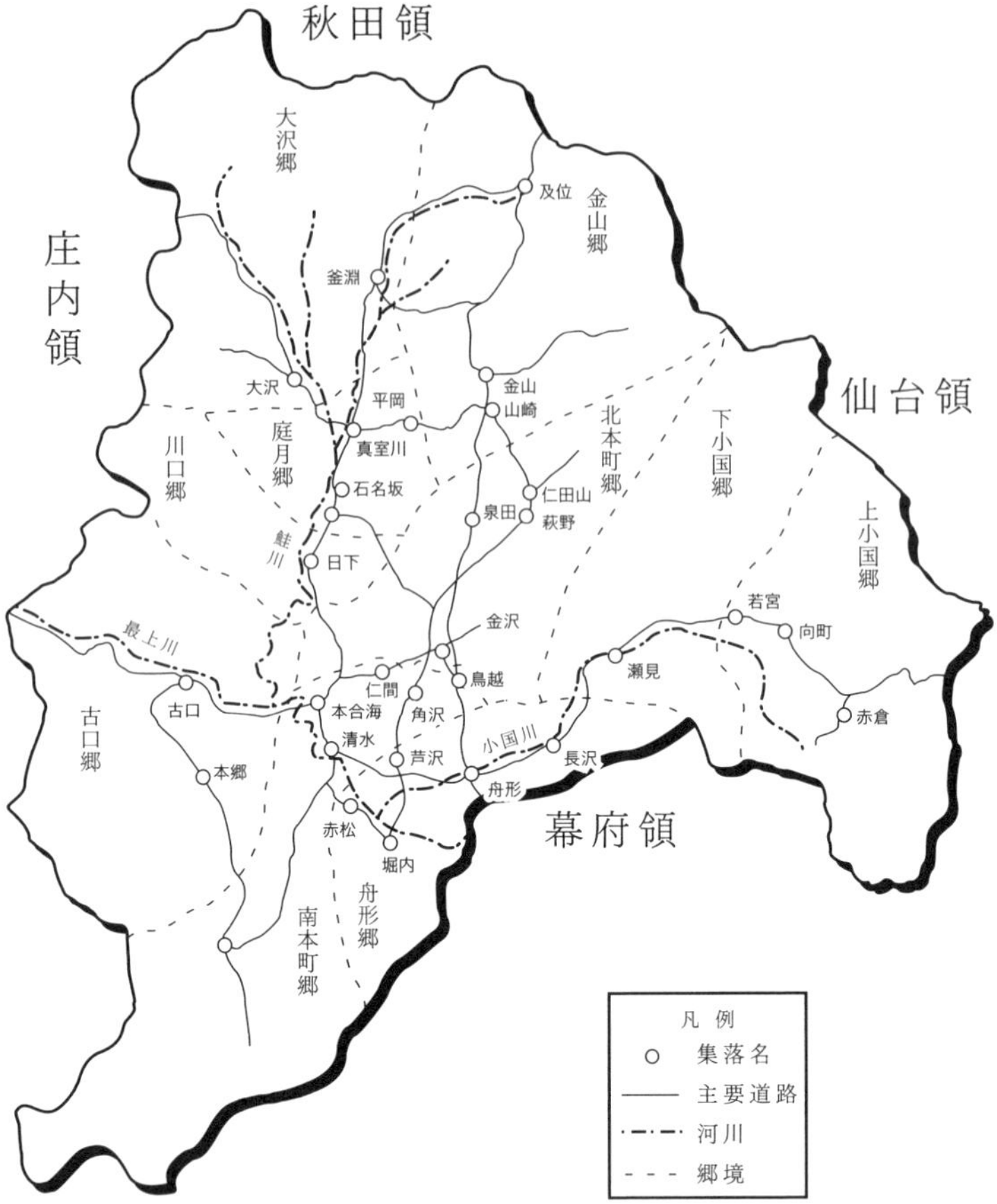

第２表　領内12郷と所轄村

郷　名	村　名
上小国郷	冨沢村、本城村、向居町村、黒沢村、満沢村
下小国郷	月楯村、若宮村、法田村、下村、大堀村
南本町郷	南本町、角沢村、鳥越村、仁間村、清水村、合海町本合海村、福田村、福宮村、南山村
北本町郷	北本町、金沢村、松本村、升形村、萩野村、泉田村、飛田村
舟形郷	舟形村、長沢村、堀内村、猿羽根村、赤松村
古口郷	角川村、古口村、蔵岡村、津谷村、柏沢村、岩清水村、名高村
庭月郷	京塚村、庭月村、石名坂村、真室内町村、木ノ下村、真室新町村、平岡村
川口郷	川口村、神田村、真木村、曲川村、中渡村、羽根沢村、小和田村
大沢郷	高沢村、川野内村、大滝村、釜淵村、大沢村、指首鍋村、平枝村
金山郷	金山古城前、金山七日町、金山十日町、上台村、山崎村、藁坊野村、下野明村、安ヶ沢村、田茂沢村、蟻谷村、飛森村、谷口銀山村、漆野村、朴木沢村、中田村、及位村
上谷地郷	北口村、工藤小路村、吉田村、新吉田村、岩木村、湯野沢村、樽石村、長善寺村、大久保村、宝田村
下谷地郷	横山村、田沢村、駒井村、山内村、白鳥村、稲下村、上野村、大槇村

年貢・諸納の賦課とその取り立て、村々の土地改め、郷内の人別改め、郷民の日常生活の監督、郷内の治安維持等々、郷内の一切にわたる広範囲なものであった。郷民からのさまざまな願いや訴えも、庄屋を通して代官に達せられた。

このように、代官は藩政の第一線に立って郷民とわたり合う役柄であるので、その施政のあり方が、直接郷民の生活を左右することが少なくなかった。特に、年貢徴収などについては郷民と対立し、これが原因となって農民の騒動を招くということもあった。

このようなこともあって、代官は民情に通じた有能な士が選任されたが、その身分は高禄の者はなく、二百石ないし八十石ほどの中・下級の藩士が多かった。また、郡奉行には、この代官のベテランの者が選任された。

代官の任期は通常二〜四年であるが、特別の理由のある場合は一年未満の交替もあった。

郷手代の職務

代官のもとには、その手足となって働く「郷手代」（足軽級の下役）がおかれた。郷手代は代官の指示をうけ、管内の村々を回り、各村の庄屋・組頭を通じて、年貢の取り立て、堤防の修復、人馬、荷物の往来改め、村民の監視、犯罪人の探索、郷内の治安維持等々、郷内一切の世話に当たった。郷手代の人数は、郷の広狭ないし重要性によって異なり、三ないし五名であった。このように、郷手代は村民との接触が最も密であったので、その馴れ合いからか、とかく不祥事を起こしがちであった。このため、この任期ははじめは、三～四年と長かったが、幕末の頃は一年に限られた。

また、郷手代には扶持米や手当金が給されたが、遠隔の代官役所に属する者は、賄《まかない》扶持《ぶち》一人一日米五合五勺（約一リットル）、給金一カ年二分一朱であったが、近郷の郷手代は扶持米は給されず、給金のみが与えられた。

このようにして、藩は、家老—郡奉行—代官（郷手代）—庄屋の系列で、領内郷村を隈なく把握し、年貢・諸納を徴収した。各村内においては、さらに細部にわたるさまざまの組織が設けられていて、村民を規制していた。これら郷村内のさまざまの組織——例えば五人組や契約講《けいやくこう》は、本来農民自身の相互扶助、あるいは村共同体の自衛のために自然発生的に誕生、成長したものであったが、幕藩の支配体制が整うにつれて、これらは藩の郷村支配の末端として利用されるようになった。

少し整理して言うと、村には庄屋以下組頭・長百姓・筆取・枡取・山守などの村役人がいて、村民を束ね、また、村を代表して他に対していた。

庄屋・割元庄屋

庄屋は現在の町・村長に当たるが、その権限は町・村長よりも遥かに大であった。一村を代表して、藩(代官)の御触書や命令をうけとり、これを村民に徹底させ、また、村民からのさまざまな願いや訴えをうけて、これを代官や寺社奉行・山奉行★にとりついだ。また、藩から村に一括して賦課される年貢・諸納を村内一戸一戸に、それぞれの持ち高に応じて細分賦課し、また、その納入に当たっては、各戸を督励して無理にでも完納させた。万一にも未納者がでると、農民はもちろん、庄屋までもが罰せられた。連帯責任である。検地や宗門改めに立ち会い、検地帳・宗門改帳を作成したり、夫伝馬《ふてんま》・諸普請の人足割り当ても庄屋の重要な職務であった。このほか、村民の中に、藩の法令に背く者が出た場合も、庄屋はこの農民と連帯して責任を負わねばならなかった。

庄屋は、延宝《えんぽう》年間(一六七三~八〇)までは、名主または肝煎《きもいり》と呼ばれたが、その後は庄屋と呼ばれるようになった。

庄屋は、村の上層農民(表百姓)の中の声望ある者を藩が選んで任命するが、普通は、その村の由緒ある家柄の者を選ぶので、半ば世襲的に代々うけつがれた。

庄屋は、このように村の代表ではあるが、一面、藩の行政機構の末端を担う重

▼山奉行
山奉行は前述の「職制」には記されておらず、「御役所」の「小役人勤」に記されている一役柄で「役料三人扶持、山運上取立、山守を支配す。小役人勤にて其詰所は御役所の入口近くにあれども知行侍之に任ずれば権威ありて吟味役をも自席より呼付にせるものなり」と『増訂最上郡史』(二五二ページ)は説明している。

要な役柄であるので、藩からは苗字・帯刀の特権を認められ、士分として扱われた。また、「足米御免《たしまいごめん》」と言って、各家に課せられる伝馬役・普請人足役・年貢米の最上川河岸までの運搬役が免除され、さらに、手当として年額米九〇俵、黄金五両が給される定めであった。

庄屋には「小走★」と「常番★」の小使がつけられた。

なお、各郷内の中心的な村の庄屋は「割元庄屋」と呼ばれ、郷内各村庄屋のリーダー的役割を負った。藩から村々に布達される御触書等は、まず代官がこれを受け取り、最初に割元庄屋に達する。割元庄屋はこれを書写して、隣村の庄屋に渡す。この庄屋もこれを書写して次に順達し、最後の「留」の村から割元庄屋に返却するのが例であった。割元庄屋は必要に応じて、郷内各庄屋の意見の取りまとめなどにも当たった。

組頭・筆取・枡取

次に組頭は、庄屋の補佐役で、現在の町村の助役に当たるが、現在の助役と違って、一村に四〜五人おかれるのが常であった。これに対して、長百姓（他藩では「百姓代」の名称が多い）は、村民を代表して、庄屋・組頭の施政を監視し、彼らの不正を防止する役柄であるが、実質は組頭と協力して庄屋の補佐に当たる

▼小走
常に庄屋宅に詰めて、庄屋の小使の役を務める者。

▼常番
朝夕二回庄屋宅に顔を出し、用事の有無を伺い、用事のない場合は自宅で働く者。

ことが多かった。中期以降、この役は廃止されたようである。

　筆取は、庄屋の指示のもとに、年貢・諸納の計算に当たり、検地帳・人別帳の作成、そのほか、藩に提出するさまざまの報告、願書の書き上げを担当する役柄であるから、算盤に熟達し、文筆に長じた人が選ばれた。一村一人が原則であるが、一人で二村を兼務することもあった。庄屋の補佐という点では筆取のほうが組頭よりも、むしろ、大きな働きをした。枡取は村民が年貢を納入する場合（これは村ごとに設けてある「郷蔵」に納められた）、一俵の米の量が規定どおりであるか否かを改める役柄である。

山守・苗木守・口留番人

　このほか、山奉行に属し、藩有林の保護育成、盗伐防止を任務とする山守がおかれた。山守は山際の村に一名任ぜられるのが例で、古参の者は「大山守」に任ぜられ、苗字・帯刀を許された。庄屋と同様、表百姓の中から選ばれた。また、「苗木守」という村役人もいるが、これは後期の藩政改革の折に新たに設けられた村役人である。

　また、藩境の村々には、往来の人馬・荷物を監視する「口留番人《くちどめばんにん》」が置かれた。領内から他領に越す主な街道は、羽州街道・鳴子《なるご》街道・庄内街道などであるが[注]、

注…二五ページ地図参照。

ここには舟形番所・及位《のぞき》番所（羽州街道）、笹森《ささもり》番所（鳴子街道）、古口番所（庄内街道）がおかれ、その場所の村の村民が選ばれて往来改めの役に当たった。このほか、青沢越《あおざわご》え、与蔵峠・板敷《いたじき》峠（以上庄内領への忍び道）、花立《はなだて》峠（仙台領に越す忍び道）などの麓の村にも「口留番人」が置かれ、「留物《とめもの》」の密移出入の監視に当たった。口留番人には手当米として一人扶持が給され、租税の一部が免除されるなどの特権が与えられた。

五人組

村には「五人組」という相互扶助の自治組織があった。「向こう三軒両隣」という言葉があるが、この、隣近所は何事も互いに助け合って暮らしを立てるという組織が、昔から村にはあった。

家々の冠婚葬祭にしても、不慮の災難にしても、各戸の田んぼへの灌漑水の確保、一時に人手を要する田植え・稲刈りなどにしても、農家は隣近所相互に協力して事を進めた。これが五人組であるが、藩にとっては、領民支配のこの上ない組織として捉えられ、フルに利用された。

例えば、ある家が年貢の重さに耐え切れず、密かに夜逃げを企てるような場合は、隣近所の者が逸早く察知して庄屋に知らせるとか、あるいは、禁令に背いて賭博《とばく》を行っているような場合も同様である。また、農家がさまざまな事情で田畑の耕作が不可能になるような場合は、五人組に連帯責任を負わせて耕作させ、年貢を納入させる等々である。

このようにして、藩は本来相互扶助の自衛のための組織であった五人組を巧みに相互監視、連帯責任の組織として、領民支配に利用した。

町方の支配

「町方《まちかた》」は、新庄城下の町人町、具体的には、南本町《みなみほんちょう》（古くは五日町）と北《きた》本町《ほんちょう》（古くは十日町）の両町を中心とする諸町である。この両町は領内随一の繁華街で、多数の有力商人が店を構え、京・大坂の上方市場とも結んで活発な商業活動を行っていた。また、新庄城下町は羽州街道の宿場町でもあったので、南・北両本町にそれぞれ本陣・脇本陣・旅籠がおかれ、人馬の往来も活発であった。

町方に対する藩の支配機構は、基本的には前にみた郷村のそれと大きくは変わりないが、その細部においては、さまざまな点でかなりの違いがあった。その一つは、両町を直接管轄するのは町奉行《まちぶぎょう》ということである。また、両町の町役人は、村方の庄屋とは名称が違って、南本町は「名主」、北本町は「郷年寄」と呼ばれた（『新田本・新庄領村鑑』による）。名主・郷年寄の職務は、郷村の庄屋と同じく、外に向かっては、町内を代表して事に当たり、内に向かっては町内のまとめに当たった。このほか、宿場町ゆえ、問屋、その他の町役人と協力して、参勤交代で羽州街道を上下する諸侯の荷物や人馬の、また、一般の商人荷物の継送りに当たった。

名主・郷年寄の下には、数人の「締方」がいてこれを補佐した。また、町方の若者たちは、独自の自治的な若者組を組織して、町の自警に任じ、治安の一部を担っていた。城下の最大の祭り、夏の天満宮祭礼の屋台巡行などは、むしろ彼らが主役であった。なお、両町には、ともに消防組が組織されていて、藩の係役人の指示のもとに消火に当たった。

町年寄

町方には、名主・郷年寄とは少しく系統を異にする「町年寄《まちとしより》」の名称の町役人がおかれていた。町年寄は、両町合わせて四〜五人であるが、これは郷村の庄屋と同じく、町内の由緒ある有力商人の中から抜擢された。町年寄の職務は、明治二年、新庄藩が新政府に提出した「御申送書」によれば、「▼町方取締ハ勿論、願訴取次、縁辺送迎等、都而市中江相拘《かかわり》候事事務及物品輸出等之儀取扱、従前扶

▼（町年寄の役目は）新庄五日町十日町など町方の治安をはかることはもちろん、町方から藩庁へのさまざまな願いや訴訟などの取次ぎ、公用で城下を通る役人などの送迎、その他、町方に関係する事務や品物の他所への移出、継送などすべてを掌る役柄で、藩政時代は手当米が支給されていた。

持方差遣来候」とあるが、これは前に記した、名主・郷年寄とほとんど同一である。両者の関係は十分には明らかではないが、結局両者協力し合って、町方の事務に当たったということであろう。

町年寄は直接町奉行に属するが、その取り扱い事務が繁多との理由で、三人の下役（「副役」ともいう）がつけられた。町年寄及び下役には扶持米が給されたが、その額は町年寄は三人扶持、下役は一人扶持であった。

このほか、町方には、町の治安に当たる「町同心」、「目明」、「牢守」の三役がおかれた。町方に犯罪人のあるときはその探索、捕縛に当たり、また、その評定所への出入りを掌った。

② 凶作・飢饉の頻発

藩政後期、新庄・最上地方は三度にわたり、領内に多数の餓死者を出すほどの深刻な凶作・飢饉に襲われた。当時の人々が記した「豊年瑞相記」や「巳荒子孫伝」は、往時の飢饉の惨状を余すところなく伝えている。人々は蕨根や藁まで食し生き抜いたが、一家離散や死者が相次いだ。

江戸時代の三大飢饉

江戸時代二六五年間を通じて、新庄・最上地方は絶えず冷害・干害による凶作・飢饉に悩まされたが、特に後世まで語り継がれるほどの深刻な飢饉は、この時代の後半期に起こった宝暦・天明・天保の飢饉である。いずれも冷害による飢饉で、世に「江戸時代の三大飢饉」という。

これらの飢饉が藩政後期に集中していることは、飢饉の悲劇が、単に夏季の低温とか霖雨《りんう》とかの自然条件だけによるものではなく、むしろ、この時代の藩財政の窮乏とか、このための重税、これによる村々の疲弊とかの人為的条件によるものであることを示している。このような状況においては、少しの不作でも、直ちに事態を悪化させ、多くの餓死者を出すほどの深刻な飢饉にまで陥ることは、必定である。

宝暦五年の稲作

宝暦の飢饉は、宝暦五年(一七五五)に起こった。この飢饉の顚末を詳しく記した「豊年瑞相記」★によれば、宝暦五年は春から天候が悪く、夏土用に至っても袷を着て耕作しなければならないほどの冷涼な気候であった。このため、稲の生育は著しく遅れ、八月(旧暦。以下同じ)に入ってようやく出穂をみたが、同月十八日の夜には早くも霜が降り、稲・蕎麦《そば》・粟などを害してしまった。九月下旬、新米の穫《と》れる頃となったが、未熟のため、青米や粃《しいな》が多く、蒸米《むしごめ》や燻米《いりごめ》にして、二升・三升と掻き集めて年貢米とした。十月二十七日、かなりの降雪をみた。田んぼの稲刈りは困難を極め、そのまま雪の下にするものも少なくなかった。また、山際の村には、猿・鹿が現れて作物を荒らし回った。

刈り取った稲は屋内の梁《はり》や桁《けた》に架《か》けて乾かしたが、小さい家ではこれもならず、積み重ねていたところ、中から蒸《む》れて納豆のようになってしまった。刈り取りの折は、幾分かの実取りがあるように見えても、いざ脱穀してみると、粃《しいな》ばかりで、摺臼《すりうす》にかけると、灰のようにとんでしまう有り様であった。早稲《わせ》・中稲《なかて》はほんのわずかな収穫があったが、晩稲《おくて》は全く収穫はなく、平均一分五厘作というのが、稲作に詳しい古老の見立てであった。

▼「豊年瑞相記」
新庄清水川町の町人福井富教が宝暦六年に著した書。類書に「豊年瑞相談」がある。

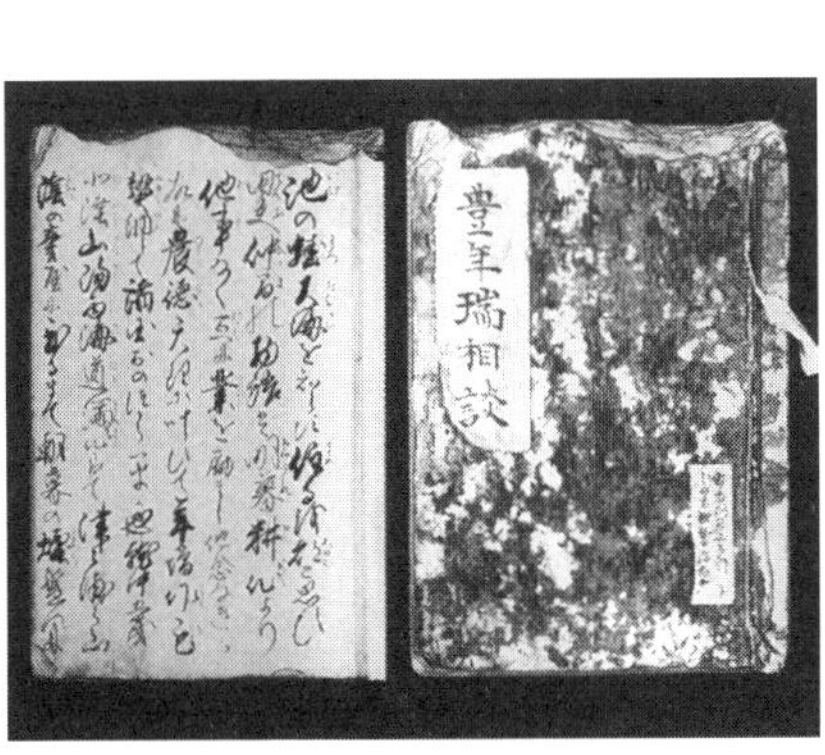
「豊年瑞相談」

　このため、新米は一向に出回らず、米価は日々に高騰し、前年は一升一三〜一四文であった米が、宝暦五年六月には二五文、八月二〜四日には三六文に高騰し、十二月には大豆一升三〇文、小豆四二〜三文となり、翌六年正月には町米一升五七文、四月には六五文、五月には七〇文、六月初めには八二文と暴騰した。

　食を失った人々は、武士、農民、町人を問わず、みな山野に入って蕨根掘りに精を出した。蕨根を砕いて中の澱粉質を取り出して蕨粉（「根花」という）を製し、これに青米・砕け米の粉などを合わせて、専らの食とした。このほか、野びる・よもぎ・ふき・うるい・あざみ・がざの葉・山牛蒡・たんぽぽ・松皮餅等々、およそ口にし得るものは、すべて食糧とした。青引大豆の粥や漆の実の黄粉《きなこ》に大豆餅をつけて食べ、病気になる者も少なくなかった。

藩主正諶の密書

　それでも、年貢米は納めなければならない。泉田村は例年の年貢高二三七俵のところ、宝暦五年は収穫皆無に近いとの理由で六九俵に減ぜられたが、このうち四〇俵はどうしても納めることができず、各農家から一升・二升と掻き集め、郷蔵で俵に詰めたが、この間に窮民が群がってきて、枡取が米を量るそばから、手を差し出して米を奪い合い、役人がいくら叱っても、脅してもやめなかったと、当時の泉田村庄屋は記している（「命養生記」）。例年の領内全体の年貢収納高は平均一〇万俵前後であるが、この年は四万一一五〇俵に過ぎず、このため、藩士への俸禄も「飯米渡しの制」（禄高の高下にかかわらず、家族を含め一人一日五合の飯米を給付する制度）に改めた。

十月三十日、家臣一同総登城を命ぜられた。席上、江戸在勤の藩主（第五代正《まさ》諶《のぶ》）の密書が披露された。内容は「今年は未曾有の凶作のため、年貢米の収納は極度に少ない。よって、藩士への俸禄は飯米のみを給することとする。何分にも我慢して作柄がよくなるまで予に仕えてほしい。それが何よりも忠勤である。それでも耐え得ない者は、暇を遣わす故、いつでも戸沢家を離れてもかまわない」というものであった。

難民に粥施行

十二月に入ると、方々に餓死者が出たとの風評が広まった。この頃、珍しく町方に粥雑炊の売り物が出た。一椀四文であったが、たちまちのうちに売り切れた。家々の門口に立って物を乞う乞食《こじき》が日々に多くなってきた。

翌宝暦六年（一七五六）正月、新庄町の酒屋一七軒が相談の上、難渋の人々に粥を施すことにした。粥は二合入り柄杓《ひしゃく》で一人前二杯ずつ、白米一升に水六升の割合で炊いたものである。初日は六五人、二日目は八五人であったが、二月八日には九二五人、同月十日には一〇七三人と増加した。酒屋たちの粥施行は二月末で打ち切られたが、四月上旬からは藩の事業として継続された。

三月、藩主正諶は領民を救うべく、幕府に三千石の拝借米を願い出た。幸いにこれは許されたが、正諶は施政の責任を問われ幕府から差控え★を命ぜられた。

七月初旬、所々の早稲が穂を出し始めた。ところが、無数の虫が稲にとりつき、稲を枯らしてしまった。この虫こそ、食を失って命を落とした餓死者の怨念が化したものであろう。彼らは「喰いたい。飲みたい」だけの一心で死んでいったから、虫となって稲を害するのだろうと、人々は噂し合った。

やがて、盆を迎える季節となったが、盆踊りどころではない。仏前に供えるものとて何物もない淋しい限りの盆であった。七月十三日から二日間、太田の瑞雲院で餓死人供養の法要が営まれた。

こうした間にも、村々においても、城下においても、領内外から流浪してきた難民たちが、炎天のもと悪疫を患い、次々と命を落としていった。「数人の乞食、所々の物陰に臥居て、今も一人、又二人といふ様に、暑気に当り、疫病を煩ひて、足弱に強病ゆへ、無遁死しける者多し、最初は接引寺境内に埋けれ共、犬狼の食と成て、死骸を引出し、乱れ果てたる有様は夏中致し様も無之故に、角沢道柳の下に大きなる穴を掘り、此内に埋めしなり」と「豊年瑞相記」は記している。こ

▼差控え
公式の場所へ出席することの禁止。

の穴は、同じくこの年の飢饉のことを記録した「末世《まっせい》之《の》立鏡《たてかがみ》」★（金山町庄司家文書）によれば幅五尺（約一・五メートル）、深さ一丈五尺（約四・五メートル）の大きさであったという。

餓死者供養

いまも、角沢街道脇のこの場所に、餓死者を弔う丸仏が祀られている。これには、宝暦五年の六一年目に当たる文化十三年（一八一六）に、後に記す天明の飢饉の犠牲者をも併せ弔って建立したと記されている。また、丸仏のそばに建つ碑には「餓死聖霊位　明和六年庚寅七月十六日　松本村有志」と刻まれている。

いまに残る接引寺《しょういんじ》（下金沢町《しもかねざわまち》）山門脇に立つ石地蔵（「まかどの地蔵」という）は、この折の餓死者を供養して建立された尊像と伝えられ、現在も春秋の彼岸に寺参りする人々は、この地蔵にぼた餅を食べさせる風習がある。供えるのではなくて、食べさせるのである。食を失って死んでいった人々にはこれが一番の供養になるというのである。

現在、新庄の夏を彩る新庄山車祭りの起源も、この宝暦の飢饉にある。詳細は別項に譲るが、時の藩主戸沢正諶は、宝暦六年、このたびの飢饉によって打ちひしがれた領民を奮いたたせるために、餓死者を弔い、今年の

▼「末世之立鏡」
著者及び著作年代は不明だが、宝暦五年の飢饉に関する生なましい記録で、飢饉の教訓として寺子屋などで使われたと思われる。

まかどの地蔵

豊作を祈願する祭りを始めたというのである。戸沢氏の氏神、城内天満宮の祭りを領内挙げての祭りとし、城下の町人町に呼びかけて、思い思いの飾りものを作らせ、祭り当日、天満宮の神輿渡御《みこしとぎょ》行列とともに、賑々しく市中を巡行させた。これが時代を経て発展し、今日、東北一の山車祭りになったと伝えられている。

天明の飢饉

この後、約三十年にして、またしても凶作・飢饉にあう。天明三～四年(一七八三～八四)両年連続の凶作・飢饉である。天明三年、この年は例年になく天候が不順で、作柄が案じられていたが、六月末、浅間山《あさまやま》（長野・群馬両県にまたがる活火山）が爆発し、この火山灰が当地方まで降り注ぎ、田畑を害して大凶作をもたらした。「最上郡年代記」に、「天明三年六月二十九日暮六ツ半時（午後七時）、南風強く白砂降ること夥し、(中略)信州浅間山噴火の為なり、此年大不作」とある。

このため、農家はたちまち貧窮に陥り、一家離散して滅亡する家も少なくなかった。天明八年(一七八八)の「御巡見様御廻国御案内之帳」(新庄市奥山家文書)に、「▼宝暦五亥凶作以来人高多分相減し、其上去卯年より辰年迄両年凶作ニ付、高夥相減」とある。また、寛政八年(一七九六)、藩が発した倹約令にも、「宝暦亥年以来御領内人別相減、荒蕪、御収納高古来に復し兼候上、先卯年不熟後、猶又民力

▼宝暦五年以来、領内の人口が減少し、働き手が少なくなったので田畑が荒れはて、ために藩に納まる年貢が激減した。その上、天明三年はまたしても不作で、このため領内はますます困窮に陥っている。

も衰候」とある。天明の飢饉は、前記宝暦五年の飢饉と相並んで、領民に大きな打撃を与えたことが知られる。

さらに、「京塚村（鮭川村）松井勘六先祖惣七筆記」には、

一、天明三卯年不作洪水、同四辰年七月迄、米百三拾文まで致し候、此年八月
　十七日鳥海山ニ雪ふり申候
一、天明三年卯不作、米百三拾五文迄売買

とあって、凶作による米価の高騰を記録している。

住みなれた故郷を捨てざるを得なかったのは、名子《なご》・水呑みなどの小百姓だけでなくて、表百姓までもが、その危険にさらされていた。

▼去卯年、大不熟作合に付当辰年ノ正月、直段壱升ニ付七拾五文ツツ仕候、同五月末方九拾七、八文、同六月初方ゟ壱升ニ付百五十文仕候ハ十八日ゟ同廿二、三日迄壱升ニ付百三十文仕候、同廿六日頃ゟ段々直段引下百文ゟ、七月十日時分ハ壱升ニ付而六拾文ニ相成候、右ニ付名子水呑並百姓迄、乞食大勢罷出候而相成候もの余数有之候間、委ク事ハ相分不申候

と、中渡村庄屋は記している（鮭川村荒木家文書。天明四年の「御用留帳」）。

▼名子
主家に隷属して賦役を提供した農民。

▼水呑み
田畑を所有しない小作または日雇いの農民。

▼去年（天明三年）は大凶作であったので、米価は次々と高騰した。同四年正月頃は一升七五文であったが、五月末には九七～八文、六月初には一五〇文になった。しかし、同月十八～二十日頃には一三〇文、二十六日頃からは一〇〇文と次第に値が下がり、七月十日頃は六〇文になった。米価がこのように上昇したので、村民の生活は極度に困窮し、名子・水呑みの小百姓はもちろん、表百姓までの多くが村を捨て、乞食となって他領に離散したということであるが、詳しくは分からない。

年貢収納高半減

凶作のために、年貢収納高は極端に減少し、藩財政は極度に悪化した。天明三年（一七八三）の年貢収納高は、例年の約半分の五万俵に過ぎなかった。このため、藩士に対する禄米の給与も大幅に制限せざるを得ず、ついに前の宝暦の飢饉のときと同じく「飯米計《ばかり》」の給付と決定された。

このときの藩主の達しに、「もはや御用商人からの借金もできなくなったので、このような非常の措置をとらざるを得なくなった。何とかやりくりして来秋まで我慢してほしい。それが何よりの忠義である」と述べている。

天明の飢饉は、村民の生活に大打撃を与えた。戸沢村の早坂家に、藩政時代の土地売買証文が一九通残されているが、うち二通は天明四年十二月、一通が同六年の日付である。いずれも、この年の年貢米の足《た》しにするためと記されている。農民にとって、田畑は生命である。しかし、度重なって当地方を襲った凶作、飢饉は容赦なく農民から土地を奪った。土地を失った農民は、これを買った町場の有力町人や村の有力者の小作人になるか、あるいは村を捨て、他に流れて日雇いになって生きていくよりほかにない。

農民の離村を禁ずる厳しい御触書が目立って多くなるのも、この頃からである。

天下の口を干す、天保飢饉

天保四年(一八三三)、「天下の口を干《ほ》す」といわれた凶作・飢饉が襲来した。「巳年の飢渇《けかつ》」である。

この年の凶作については、南山村（大蔵村）の庄屋柿崎弥左衛門が詳細な記録を残している。「巳荒子孫伝《しこうしそんでん》」★五巻がこれであるが、現在、地元には第二巻及び第三巻しか残されていない。しかし、幸いに紅葉山文庫《もみじやまぶんこ》★には全巻が収蔵されていた由で、『日本庶民生活史料集成』第七巻(三一書房)に収録されている。

同書によれば、この年も異常な冷害の年で、六月朔日《ついたち》（衣更えの日、「むけの朔日」という）に至るも、なお、綿入れを着なければならないほどの冷涼な気候であった。加えて、五月二十二日から降り始めた雨は幾日も降り続き、二十五、六日には大規模な山崩れ、大洪水をひき起こした。最上川筋の古口村では御役屋の長押《なげし》の上まで水が上がり、町方では百余軒が流失した。常水よりは四丈余の高さの水が出た。最上川の洪水は七月一日にも、また、八月八日にも繰り返し起こった。

▼「巳荒子孫伝」
天保九年、南山村（大蔵村）の庄尾柿崎弥左衛門によって著された天保飢饉の記録。

▼紅葉山文庫
江戸城内に設けられた徳川氏の書庫。書物奉行が管理。蔵書は宮内庁書陵部・内閣文庫に現蔵。

「巳荒子孫伝」

天保四年の作柄

この年は冬が早く、八月八日、早くも野山は真っ白になった。田畑の作はいつまでも稔らず、青く立ったままであった。穀物の値段は日ごとに高くなり、八月初めには、米一升一三〇文、大豆一〇〇文になった。しかし、この値でも穀物を手に入れることは容易でなく、飯米はたちまち底をついた。

刈り取った稲も実取りはいたって少なかった。当時、川野内村（真室川町）の筆取を務めていた同村の農民沓沢幸助《くつざわこうすけ》も、天保四年の凶作・飢饉の詳しい記録（「天保四年不作記」）を残している。これには、この年の作柄について次のように記してある。

▼米取ハ上稲ニ而七合八合、大体之処四合取、下は壱合、皆無也、御本石不納、大沢七百五拾七俵（中略）、御上ゟ米被仰付候節ハ弐升三升ツツ何人ニ而持寄、漸半俵宛上納仕候、私宅千五拾刈、惣米拾壱俵半有り、一、寒中殊之外雪薄ニ而心安（中略）、不始末成者不刈、雪の下過半、雪下畔立也。

冬に至り、いよいよ食に窮してきた。幸いに雪薄の年であったので、寒中でも人々は山野に入り、蕨の根を掘り続けた。根花だけの餅では勿体ないとて、これにいろいろのかて物を入れて食べた。また、野老《ところ》の根を掘り、蕗の葉やその根ま

▼今年の稲の実取りは甚だ悪い。上等の稲でも、一束（六把で一束）七、八合の米しか穫《と》れない。大部分は四合、下稲は一束で一合、または皆無である。自然、割り当てられた年貢を完納できる村は少ない。大沢村などは七五七俵も未納であった。お上から年貢米を出せと言われても、農家には米がなく、二升・三升と何軒からも掻き集めて、ようやく半俵にして納めているような有り様である。今年、自分の家では、全部で一〇五〇束の稲を刈ったが、ここから穫《と》れた米は一一俵半にすぎなかった——というのである。通常の作柄ならば一〇〇束で三俵というから一〇五〇束では三一・五俵の実取りがあるべきところ、わずかに一一俵半であるから、この年は如何に不作であったかが如実にうかがわれる。

でも食べた。春になってからは、がざの葉、でっち葉を採り、松の皮を剝ぎとって餅にして食べた、と「天保四年不作記」は記している。松皮餅の製法については後に記す。

松皮餅・藁の餅

藩では、大金を費やして、大坂・新潟辺から救助米を入手し、領内に配分したが、焼け石に水で、後には庄内地方にも手を回して急場を凌いだ。弥左衛門はわが一村の中から飢人を出してはならぬとて、自家の飯米の蓄えを窮民に施したが、これもすぐに尽き果てたので、藩に願いをたて、藩有林の中から松千本の伐採許可を得、村民を集めて、その心得のある村民から松皮餅の作り方と雑草の料理方法を指導してもらった。

弥左衛門も松皮餅の製法を詳しく書き残しているが、その作り方は下記のようである。★

このように入念に製すれば、結構食べられるようになる。ただし、続けて食べると腹がつまり、便秘がちになる。そこで、弥左衛門は藩に出願して下剤を給付してもらい、村民に配った。

この頃、藩庁では窮民を救う一助にとて、藁《わら》を煮て餅を製する方法を領内一

▼松皮餅の製法
まず、比較的若い松の皮を剝ぎ、表皮を厚く除いて、中のあま皮の部分のみにして、灰を入れて十分に煮る。この煮方が十分でないと毒成分が残るから後で体をこわすこともある。十分に柔らかになったら取り上げて、一晩流れ水に晒してあくを除去する。これを細かに刻み、臼に入れ、柔らかになるまで搗く。十分に柔らかくなったら、これに米の粉を混ぜて練り、団子状にして蒸し、また臼で搗く。

般に達している。これは「巳荒子孫伝」には記されてないが、他の史料によれば、ほぼ次のようである。これは、当地方に伝えられたものでなく、他地方からとり入れた知識である。

まず、生藁を半日ほど水に漬けて「あく」を抜き、次に十分に洗って砂を除く。これを根元のほうから細かに刻み（穂に近い部分は除く）、十分に蒸して乾かす。次にこれを煎《い》って石臼にかけ粉末にする。この粉一升に米の粉二〜三合を入れ、これね合わせ、餅のようにして蒸すか、茹でるかして、塩や味噌をつけて食べる。この場合、餅のようにしたものを蒸して臼で搗くと、一層食べやすくなる。また、混ぜ合わせる粉は、米の粉でなくて、葛や蕨の粉、小麦粉でもよい。今年は稲は稔らず、青立ちの藁がたくさんあるだろうから、それを利用せよ、というのであるが、藁餅のことは、当地方の飢饉史料には、ほとんど記されていないので、あまり普及しなかったのではないかと思われる。

飢饉の惨状

やがて、年の瀬を迎えたが、餅を搗く村人は一人もなく、淋しい限りである。ただ、角川村（戸沢村）では、同村広際院《こうさいいん》が歳暮として檀家に酒三合、籾三〜四升ずつ施したので、柳淵《やなぎぶち》・肘折《ひじおり》の檀家は大喜びであった。

正月に入ると、村の状況は一層深刻化してきた。弥左衛門は絶えず村内を巡回して、特に衰弱のひどい者は自宅の小屋に収容して、粥を与えて介抱したが、これが次第に数を増したので、別棟の小屋を建て、ここに新たな病人を収容した。費用は藩の助成もあったが、大半は私費を投じた。後に、この功が認められ、藩主から三人扶持と御巻物一巻を賜った。

四月九日、九代藩主正胤《まさつぐ》の御回村があった。この年、正胤は江戸勤番であったが、国許の危機を聞き、特に幕府の許しを得て、急遽帰国、わずかの供を連れての御回村であった。

この頃、奇妙な時好歌《はやり》が流行した。「泣くな嘆くな秋まで待ちよ。百に三升の米買って喰わしょ」という歌である。これは庄内地方から最上川の舟人によって伝えられたというが、瞬時にして人々の間に広まった。秋になれば、一〇〇文の銭で米三升が買えるようになる。それまで我慢しよう、との意味であろう。

「巳荒子孫伝」は飢饉の惨状を次のように記している。

——秋、ここかしこに稲盗人が現れた。田んぼの稲の穂をしごいていくのである。夜中に大豆を引き抜く者、黍《きび》を刈り取って行く者もある。恥も義理もない餓鬼道の世界である。悪疫で死んでも、病気のうつるのを恐れて近づく者もない。家族が亡くなっても葬式を営む者もなく、寺僧を招く人もない。

母と子の流浪

一家離散して、家屋が狐兎の栖と化した家も少なくない。「親の死けるも子はしらず、兄は妹の行衛をしらず、余所の軒下にたたずみ、追立てられ、畑の辺りに夜を明し、雨露を凌ぐべきみの笠もなし、三文にも成るべき物は、にぎり飯に取替ひ、根餅に取替ひ、つづれ一重の身の上となり、家々を回り食を乞う」と「巳荒子孫伝」は記している。

また、同書は新庄城下の難民の様を写して、次のように記している。

他国の乞食、鳥越街道にて、小児を三人連たる女の行倒れたるあり、菰を着たるながら、元よりの乞食と見えず、菰の下より母の乳を呑み居る側に、弐人の子供も痩せおとろへ、歩行も不叶体にて、石に膝を掛けて、弱り果たる有様見るもしのびかたしと承る。又太田街道にて倒れ死候女の両眼を烏のぬきたるあり。最期には町内にて相仕舞候得共、後々他所死人大勢に成り（下略）。

一家離散、流浪の人々

飢饉の惨状は隣村清水町《しみずまち》（大蔵村）においても同様であった。同村庄屋が代官に提出した天保四年飢饉の被害報告書に、このために潰れた戸数三七軒、その家族数一三八とある。この内訳をみると、死者三五人、一家離散して他国に流浪した者四五人、親類に預けられた者五八人とある(同村小屋家文書「潰家明家者共家内人数仕訳書上面附帳」)。同年の清水町の戸数は一六九軒、人高は一一四一人であるから、この潰れ家の数、離散した人の数は異常な高率と言わなければならない。

また、中田村《なかた》(金山町)の天保六年(一八三五)「切支丹宗門御改人別帳」に、同四年凶作のために村を出奔した家族のことが二例記されている。一は六十一歳と五十一歳の老兄弟であるが、ともに、「巳之暮出奔致候」とあり、二は六十一歳の夫と三十四歳の妻、十五歳の子どもの三人家族であるが、これには「去ル巳年出奔仕候ニ付、此度願之上人別相除申候」とある。

凶作・飢饉による死者の数は膨大で、このための人口減が藩の支配体制を揺るがした。例えば、右の中田村の例であるが、同村の天保五年及び同六年の「切支丹宗門御改人別帳」を比較してみると、第3表にみるように、天保五年四月の人高は三一八人であるが、これを前年同期の人高と比較すると一六人の減である。さらに、これを一年後の天保六年四月の人高と比較すると、前年比四〇人の減である。この異常な減少の原因は、やはり、このたびの凶作・飢饉と考えざるを得ない。ちなみに、天保四年五月から翌五年四月までの死亡者は二〇人であるのに対し、同五年五月から翌六年四月までのそれは四二人で、前年の二倍以上である。

第3表　中田村人口動態(天保5、6年)

		総数(人)	出生(人)	受人(人)	死亡(人)	払人(人)	前年比(人)
天保五年	男	189	3	3	13	1	
	女	129	4	1	7	6	
	計	318	7	4	20	7	△16
天保六年	男	167	4	5	23	8	
	女	111	0	4	19	3	
	計	278	4	9	42	11	△40

(注)天保5年および同6年中田村「切支丹宗門御改人別帳」より作成(金山町　近岡家文書)

この死亡率は天保六年四月の人高二七八人の約一五・四パーセントの高率に当たる。

苦境からの脱出

しかし、このような窮状も、同六年秋の新米の出回りにより、ようやく小康を得ることができた。幸いにも、この年は稀にみる豊作であった。一時、一升二二〇～二三〇文(同六年二月頃)もした米価が、同年十月八日頃は清水町で五〇文、古口町で四八文、同十八日頃には清水町でも四七、八文になった。やがて、新庄町場においても、在からの出米は四一文、大小豆三七文に下がり、村々はようやく平穏を取り戻した。四一文は、最も高値であったときと較べると約六分の一に過ぎない。

以上が、『巳荒子孫伝』他による天保四年の飢饉の顚末である。この中で、故郷を去った多くの人々は、その後、どのような人生航路をたどったであろうか。

天保の飢饉は退勢に向かっていた新庄藩政に決定的な打撃を与えた。郷村の衰退はついに回復することなく、明治の新時代を迎えることになる。

第四章 社会の動揺と藩政改革

凶作・飢饉は農民の反抗を誘うが、藩政の改革で国産品が産出され始める。

①農民の反抗・村方騒動

度重なる凶作・飢饉は、領民を危機的状況に追い込み、藩の支配体制を根底から揺がした。藩役人や庄屋に対する一般農民の反抗が各地に頻発する。文化八年（一八一一）に起こった「川野内村騒動」などはこの典型である。

中渡村農民の逃散

新庄藩においては、藩政時代を通して、百姓一揆と名付けられるような農民の反抗はなく、概して平穏な時代を過ごしたと言われ、その理由は藩主戸沢氏の恩沢がゆきわたり、主従の情誼が厚かったためと、一揆徒党は極刑を以て厳禁されていたためというが（『増訂最上郡史』）、しかし、農民の反抗がなかったわけではない。反抗の形はさまざまであるが、農民たちはしばしば年貢の軽減を求め、また、庄屋など村役人の不正を糾弾して激しく立ち上がった。このことが多くの記録にとどめられている。

この最も古い例は、寛永元年（一六二四）、庭月村（鮭川村）名主大膳《だいぜん》が、戸沢氏の年貢賦課が苛酷にすぎるとして、村民二〇人を語らって仙北《せんぼく》★に逃散《ちょうさん》した事件であるが、詳細は史料を欠き、明らかではない。次は、万治三年（一六六〇）の

▼仙北　秋田県東北部。

中渡村騒動である。中渡村（鮭川村）の農民一九人が同村庄屋と対立し、家族とも一六一人、与蔵峠を越して庄内領に逃散した事件である。これについては、本書第二章「片岡騒動」においてやや詳しく記したので、詳細は省くが、当時の藩重臣間の藩政をめぐる権力闘争とも、また、藩主戸沢家のお家騒動ともからむ複雑な騒動であった。この騒動で注目されるのは、庄内領に逃散した農民たちが、かの地で庄内藩の庇護の下に農業を営んでいたが、この二年後、帰国を許され、その後は新庄藩の保護の下に松本村《まつもと》（新庄市）の新田開発に従い、また、名高村《なだか》（戸沢村《とざわ》）の開発に従ったことである。現在の戸沢村名高はこれら一九名の農民によって開かれた集落というのであるが、かつて、国禁を破って他国に逃散した農民が帰国を許され、何らの罰を蒙ることもなく、むしろ、藩の助成の下に新田開発に従っている。通常ならば、こうしたことはあり得ないことであるが、このようなことが行われたのは、偏《ひとえ》に事件が藩上層部の権力闘争にからんだ逃散であったからと考えられる。

下野明村の騒動

新庄藩における農民反抗は、藩政の初期はともかく、成立期以降にあっては、庄屋や組頭の不正に対して一般農民が蜂起して藩庁に訴えるという、いわゆる村方騒動の形の農民反抗が最も多いようである。

寛文十年（一六七〇）、庭月村（鮭川村）庄屋高山吉左衛門と村民の間に紛争が起こり、庄屋は「十二色之悪事」を犯した罪により牢舎を命ぜられたというが（「最上郡年代記」）、詳細は分からない。

また、元禄十四年（一七〇一）、下野明《しものみょう》村（金山町）で、庄屋と村民が対立し、村民八五名が連判して庄屋の不正を代官隠明寺《おんみょうじ》儀兵衛《ぎへえ》に訴えたが、糾明の結果、庄屋は無罪、逆に農民側が敗訴となり、首謀者数人が領外追放となったことが「金山村旧記」に記されている。農民たちの訴えによれば、庄屋の村民に対する取り扱いが不公平で、その上、村入用費として村民から徴収した米を不正に私し、一部を組頭などに配分している。よって、現庄屋を罷免し、他の者を立てていただきたいというのである。

享保六年（一七二一）、本合海村（新庄市）でも同様の騒動があった。詳しい史料は見つけ難いが、事件後、藩が布達した御触書によれば、同村農民たちが、庄屋が村入用費を勝手に使用し、私腹を肥やしているとて、一同郷蔵に集まり、庄屋を糾弾してこれを認めさせ、藩庁に出訴したが、糾明の結果、庄屋は無実、農民たちは罪の軽重によって、それぞれ死罪・入墨・追放の刑に処されたとある。

本合海村・堀内村の騒動

史料が残っていないので、確かなことは分からないが、本合海村では、文化十二年(一八一五)にも、同様の村方騒動が起こったようである。この折の首謀者のものと伝えられる墓が二基、同村積雲寺境内に並んで建っている。伝えによれば、二人は斎藤祐助・樋渡佐之吉という若者であるが、彼らは庄屋の不正によって村民が苦しむのを見るに忍びず、藩庁に訴え出たが容れられず、一言の弁明すら許されずに(「口無しの裁き」という)、福田原(新庄市)の刑場で斬罪に処せられた。後、村人が二人の霊を弔って、積雲寺に墓を建てたといい、二基の墓には、それぞれ「真応忠剣居士位」・「真応利忠居士位」、「文化十二年十二月十九日」と刻まれている。

また、近くの公園に鎮座する「祐佐神社」は、後年、村人が二人の祟りをおそれ、これを神として祀った神社で、社名は二人の名前の頭文字をとったものという。

はたして、このような騒動が史実として本合海村にあったものか否かはなお吟味を要するところであるが、今日に至るも、なお、二人は村を救った恩人として仰がれ、近年まで毎年盛んな慰霊祭が行われていた。こうした義民伝承の背景には、不正は人倫に反するという庶民の正義感と、非業の死を遂げた人々の怨霊を恐れる庶民の心があるように思われる（拙稿「義民伝承の民俗」『山形県民俗歴史論集』Ⅲ集所収）。

農民の徒党・一揆に対しては、藩は極刑を以てこれを禁止した。享保十八年（一七三三）の御触書に、

一　於在々所々、庄屋・組頭・惣百姓、不依何事致一味、神水を呑み申合輩有之は、急度可被行死罪（下略）

とある。村々において、庄屋・組頭、または一般農民が村寄合を開いて、誓いの盃を交わし、密談するような場合は、事の理非を問わず、きっと死罪に処するというのである。にもかかわらず、村方騒動は領内ここかしこにしばしば起こった。この頻度は藩政後期において特に著しい。

また、村方騒動においては、藩はその裁決に当たって、理非いずれの側にあろうと、原則として庄屋側の味方であったことは、前記の例をはじめ、いくつかの事件にみることができる。

寛延元年（一七四八）、堀内《ほりのうち》村（舟形町）に大きな村方騒動が起こった。同村の百姓弥助《やすけ》・孫十郎らが庄屋加藤佐治兵衛《さじへえ》を排斥して、代わりに高山与治右衛門《よじえもん》を立てようとして藩庁に訴え出たが、家老某は高山の人柄をみて、庄屋の柄には非ずとして、これを容れなかった。

弥助らは、この後も一味の者を語らって寄合を開いたりしたが、一方反対の者も現れ、ついに村を二分して争うようになった。翌二年、藩は断を下し、孫十郎を村払いとし、弥助を永々牢舎の上、宝暦六年（一七五六）、赤松村（大蔵村）一枚田で斬罪に処した。このほか、数人の農民が追放あるいは牢舎の罪に処せられた。また、庄屋加藤も村内を騒がしたとの理由で罷免された（「最上郡年代記」による）。

文化七年（一八一〇）春、大沢村（真室川町）の農民多数が庄屋の直蔵に筋違いの願いを提出し、無理にもこれを容れさせようとした。このことを察知した藩庁は、これは藩の厳法に背く「強訴徒党之企」であるとして、関係者を厳しく罰した。すなわち、首謀者四人を村役人の申し付けを守らぬわがままものとして、このうち二人を肘折金山に、二人を永松銅山に追放することとした（真室川町「沓沢家文書」による）。肘折金山・永松銅山は、ともに現在の大蔵村に所在する鉱山であるが、当時は全国に聞こえた大鉱山であった。四人をこの鉱山の掘子《ほりこ》として働かせたというのである。

庭月村騒動

文政十一年（一八二八）、庭月村（鮭川村）の農民が、年貢の減免を求めて、観《かん》

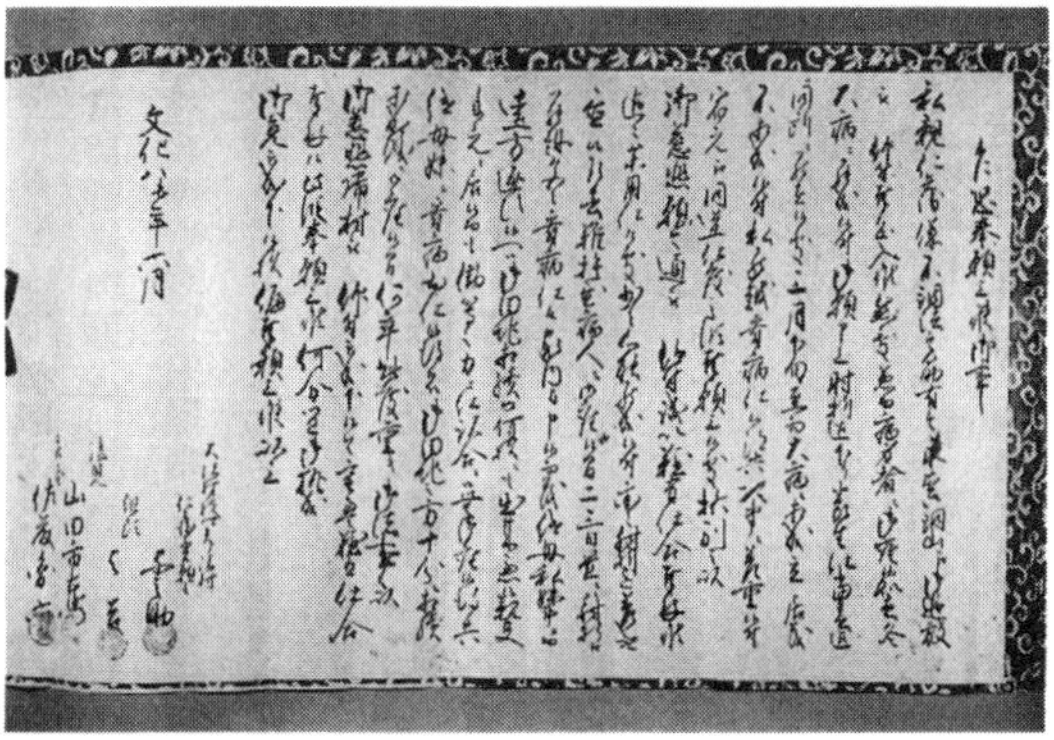

大沢村騒動一件

音寺《のんじ》村観音堂に集合し、鐘を鳴らし、狼煙を上げて、まさに騒動に及ばんとしたが、同村庄屋沓沢常吉の慰撫により鎮まったということが、「最上郡年代記」に記されている。これによれば、農民の願いの趣旨は次のようである。

この年、例年にない長雨が続き、このため村の近くの鮭川の堤防が破れ、田畑が流され、溺死者が出るほどの被害を蒙った。よって、今年の年貢割当量のうち一二〇〇俵を免除して頂きたい。これが叶えられなければ、稲刈りは行わないというのである。

村民はこれを新庄の藩庁に訴えようとしたが、庄屋沓沢はこの暴発をおそれ、藩に願いを立てて、このうち九四〇俵を免除してもらい、不足分は私有の米を売り払って補うことを確約して農民を説得した。農民側はこれを諒として、騒動はついに不発に終わった。

幕末期においては、これらの村方騒動の動きはますます激しくなる。加えて、町方では、中・下層の町人たちが結束して、町内の、あるいは近郷の富豪に押しかけ、金を貸すことを強いるという、「打ち壊し」的な騒動も頻発するようになるが、ここでは藩政後半期における最大の村方騒動、「川野内村騒動」について触れておきたい。

川野内村騒動

「川野内村騒動」は、文化八年(一八一一)、川野内村（真室川町）の庄屋と一般農民との間に起こった村方騒動である。農民たち六十余人が新庄に出て、庄屋の不正を藩庁に訴えようとしたが、全員新庄の町の中で捕らえられて七人が牢舎となり、このうちの一人が二年後牢死したという事件である。

この騒動については、当時同村の筆取役を務めていた沓沢幸助（同村関沢《せきざわ》の農民）が書き留めた詳細な記録「川内村騒動由来」があるので、これによって事件の顛末を追ってみよう。

文化八年正月二十四日、川野内村の農民多数が密かに同村塩《しお》ノ沢《さわ》に集まり、近年、年ごとに年貢・諸納が重くなり、生計が立たなくなってきたので、庄屋を介して、無利息の米五〇〇俵の拝借と、諸納の三カ年間の免除を藩に願い出ることに一決した。農民たちは、翌日も柏木野《かしわぎの》に集まり、同様のことを相談し、引き続き二十九日まで集会を開いたが、この日、庄屋の一門親類を呼び寄せて、これまでの相談の趣旨を伝え、彼らの賛同を求めた。親類たちもこれに同意し、これを庄屋某に伝えた。

翌三十日、村民一同は連判状に捺印の上、総組頭を呼び、同様の趣旨を伝えた

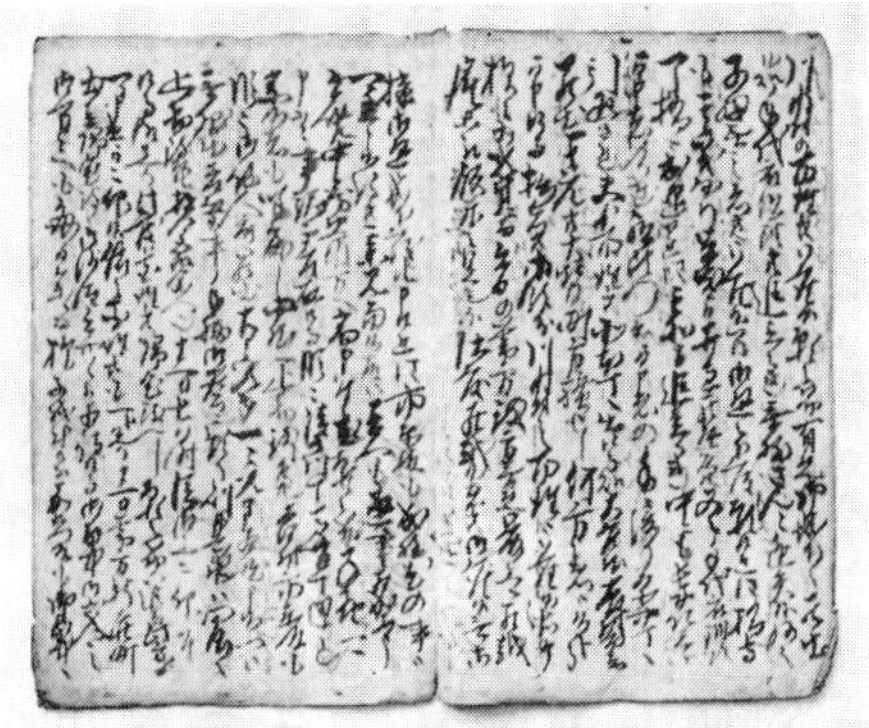

「川内村騒動由来」

ところ、彼らももっとものことである、この上は藩庁に出願してみようということになった。このほか、農民たちは、いまの庄屋は、先代と違って村民の扱いが悪く、不正を働いていると言って、庄屋の悪事を箇条書にして組頭に渡した。

組頭たちは、庄屋宅に行き、農民たちの願いを藩庁に取り次ぐよう依頼したところ、庄屋は承知したが、出願の前に農民の願いを直接聞きたいとのことであったので、農民五人が庄屋宅に赴いた。庄屋は納得し、この願いは確かに藩に提出するので、後日の沙汰を待てということであった。

村民、藩庁に直訴

農民たちは期待して待ったが、幾日経っても返事がない。そのうちに聞こえてきたのは、こともあろうに、庄屋は農民たちの願書を手許に留め、徒党の連判状のみを代官に提出したということであった。農民たちは大いに驚き、このままでは、一同縄をかけられて新庄に引き出されることにもなりかねない、この上は城下に行って、直接藩庁に願い出るよりほかにない、それも叶わなければ、村山地方へなりとも逃げ出して、然るべき役所に訴え出ることにしようとて、一同相談の上、二月九日の晩、密かに家を出て、春木村（金山町）に向かい、同村の農民にも呼びかけ、さらに釜淵《かまぶち》村・三滝《さんだき》村（ともに真室川町）にも声をかけたので、その数六十余人に達し、この晩は手代森《てしろもり》や朴山《ほおやま》（金山町）に宿泊した。

一方、庄屋はこのことを聞いて驚愕、これは何としても引き止めなければならぬとて、組頭平太郎らをして、その跡を追わせ、農民たちの願いについては幾重にも相談するから、新庄への直訴は是非断念し、即刻帰村するよう勧めたが、農民たちは一向に聞き入れず、荒屋《あらや》通りから金山・山崎（ともに金山町）にかけて、小人数に分かれて城下に向かった。

組頭たちは、なおも追いかけて説得したが、一行は少しも耳をかさず、東山沿いに南に進み、萩野《はぎの》・吉沢《よしざわ》辺（新庄市東郊）から円満寺《えんまんじ》街道を経て、新庄城下に迫った。組頭平太郎らは止むなく村に帰り、一部始終を庄屋に報告した。

庄屋側は農民が大挙して城下に入っては一大事とばかり、郷手代に事態を急報した。郷手代の田沢藤右衛門《たざわとうえもん》・井上右京《いのうえうきょう》らは、組合全員を引き連れて城下に急行した。

村民の逮捕

農民側は、それとは知らず、円満寺街道を進み、中山町、茶屋町に出て、市中に入らんとした。郷手代はこれを発見し、「汝ら、庄屋の説得をも聞き入れず城下に入るとは言語道断、直ちに逮捕する」と一喝すると、農民たちはあわてふためき、蜘蛛《くも》の子を散らすように鍛冶町裏あたりを逃げまどった。

これが鍛冶町橋（ここには往来人を改める番所があった）の橋守《はしもり》に見とがめられ、糾問されたが、百姓勘兵衛が出て、事の次第を告げ、吉川町木戸を通してもらった。しかし、郷手代が逸早く追ってきて、逃げ遅れた長助・仁三郎の二人を捕らえてしまった。辛くもここを通り、ようやく、北本町まで進んだ農民たちは、ここで北本町の大庄屋吉村市兵衛《よしむらいちべえ》に見つかり、「大勢で市中を騒がすとは何事、どこの者か」と問われたので、農民たちは身許を明かし、「今日の暮らしにも困る貧窮故、村山地方に行って雇い取りでもと思い、ここまで参った」旨を答えた。市兵衛は、「それはもっともなことであるが、自分が見つけた上は、一人も見逃すわけにはゆかない。今晩は一同中島惣内《なかじまそうない》（北の本陣兼問屋）に泊まれ。願いの筋は確かに聞き届けた」と言った。

やがて、清水川町・馬喰町あたりまで進んだ農民たちも捕らえられ、問屋中島に連行されてきた。吉村がこのことを藩役人に報告したところ、よくぞ差し止めたとのお褒めに与った。

農民たちは、翌日も引き続きここに泊められたが、十二日午後、ようやく帰宅を許された。追って沙汰するから自宅で待てとの達しである。一同はほっとして帰宅し、沙汰を待ったが、幾日経っても何の沙汰もなかった。農民たちは待ち切れず、せめて藩の評定の様子を知りたいとて、日頃藩庁に出入りしている町人に依頼して、毎日のようにその様子をさぐらせた。一方、庄屋側もいろいろ画策して役人に賄賂を贈り、執り成しを頼んでいる様子であった。

首謀者の糾明

六月二日、突如、御徒士目付伊藤善六《いとうぜんろく》、地方役人荒川久右衛門《あらかわきゅうえもん》、代官門屋数馬《かどやかずま》が川野内村に来て、村勘定帳の検査をするとて、村民一同を庄左衛門[注]の家に呼び集め、各自の年貢受取帳をもとに勘定改めをする旨を申し渡した。検査は、組頭・百姓代など村役人を通して、過去七カ年に遡って行われた。この間に、庄屋側は、急ぎ関係帳簿の拵え直しを計画し、日頃懇意にしている家中衆や近隣の庄屋を招き、帳簿の書き直しを行ったということである。

こうして、吟味は同月十八日まで続けられたが、結果は庄屋に格別の不正はないということで、藩役人らは早々に新庄に帰った。農民たちはみなみな無念の涙を呑んだ。

この後、突然藩から御用人が来て、勘兵衛《かんべえ》・治郎右衛門《じろうえもん》・彦右衛門《ひこえもん》・万次郎《まんじろう》の四人の農民が捕らえられ、牢舎となった。彼らの家族はもとより、農民側の悲嘆は見るも哀れであった。これに反して、庄屋方の喜びは一通りでなく、親類一門打ち寄って祝盃を挙げたということである。

注…庄左衛門
同村のかなり上層の農民とみられる。

農民たちは新庄北本町の吉村をたずね、この度の騒動は、誰先となく、一味同心して連判したことであるから数人を首謀者として罰するのは理に反する、罰するならば、一同同じく罪にするよう藩に執り成してほしい旨を頼んだ。吉村は承知したが、一同に向かって、山屋《やまや》村（新庄市）太治兵衛《たじべえ》方に止宿し、謹慎するよう申しつけた。しかし、これは間もなく帰村を許された。村では、牢舎になった四人のために、一戸白米一升、銭三〇文ずつを拠出し合って救助の基とした。

また、毎日、吉村を訪ね、牢舎の農民たちの放免を藩役人へ執り成してくれるよう願ったが、これは一向に進展しなかった。この上は神仏にすがるよりほかにないとて、農民たちは、毎日日待ち★をして牢舎の農民たちの無事放免を祈った。

ところが、七月二日、突然藩役人が来村し、弥平治《やへいじ》・長助《ちょうすけ》の二人を召し捕らえ、新庄に連行し、牢に入れてしまった。これで牢舎の者は六人になった。郡奉行余語最左衛門《よごさいざえもん》、大目付相馬早太夫《そうまはやだゆう》、寺社奉行北条治右衛門《ほうじょうじえもん》、町奉行斎藤内蔵《さいとうくら》太《た》は、これを毎日代わる代わる厳しく詮議した。

農民の処罰

一方、庄屋嘉右衛門《かえもん》も蟄居を命ぜられ、八月十七日には新庄に呼び出され、奉行所で厳しい吟味をうけたが、二十四日、帰宅を許された。翌二十五日、改めて

▼日待ち
前夜から潔斎し、寝ずに日の出を待ち拝む。

村方を騒がし、お上に迷惑をかけたとの理由で、庄屋罷免の命令が下された。
　同日、牢舎の農民を牢払いに処すとの命が下った。組頭はそれぞれの家族を同道、城下に出向いたところ、弥平治・万次郎・長助の三人は出牢の上、村蟄居、他の勘兵衛・彦右衛門・治郎右衛門の三人は改めて居牢を命ぜられた。処分の理由は、大勢の農民を集め、連判状を作成して村方を騒がし、城下に直訴に及んだのは不届き千万というのである。牢舎の三人の家では、一家の大黒柱を失い、困窮の極みに陥ったが、村人四〇人から三日ずつの手伝いを得て、ようやく生計を保つことができた。

　年が明けて、文化九年正月二十六日、今度は作蔵《さくぞう》が召し捕らえられ牢舎を命ぜられた。また、二月十六日には、助右衛門・治郎作・五右衛門・弥兵衛・新左衛門の五人が八兵衛・政右衛門[注]とともに町奉行所に呼び出され、さまざま詮議されたが、さしたることもなく帰宅を許された。

　二月二十九日、牢舎中の作蔵が帰村を許され、改めて村蟄居を命ぜられたが、これは三月で放免となった。その後、居牢の農民たちは、菩提寺正源寺《しょうげんじ》の住職を介して、藩主の菩提寺瑞雲院《ずいうんいん》やその他の寺々の住職に依頼して無罪の執り成しを願ったが、これは叶えられなかった。

　同年八月、蔵岡村（戸沢村）の黒田新左衛門《くろだしんざえもん》が川野内村庄屋に任ぜられ、同村に引っ越してきた。代官の門屋数馬は罷免され、代わって金田勘太夫《かねだかんだゆう》が任ぜられ

注…五人と二人の違いは正確には分からない。ともに川野内村の農民。

た。また、郷手代の田沢藤右衛門も交替させられ、地方《じかた》役人の一新がはかられた。村では、改めて全員の印形をとり、寺方に依頼して居牢御免の願書を提出したが、許されなかった。

翌十年(一八一三)三月十六日、居牢中の彦右衛門が病死した。死骸は宿元に運ばれ、葬式が営まれた。

村では、改めて正源寺・瑞雲院・松巌寺《しょうがんじ》などに居牢農民の放免の仲介を依頼した。幸いにも、この願いは容れられて、勘兵衛・治郎右衛門の二人は、松巌寺に入って住職の弟子になるとの条件付きで居牢御免となった。これによって二人は松巌寺に入って頭を剃ったが、これも三月二十日、帰宅を許された。家族の喜びはもちろん、村人の喜びもこの上ないことであった。やがて、八月二十日、村蟄居中の長助・弥平治・万次郎の三人及び前庄屋嘉右衛門も蟄居御免となった。

かくして、三カ年にわたって村を揺るがした川野内村騒動は終わりを告げた。

②藩政の改革

藩政の危機を回避すべく、藩は幾度となく改革を企てた。

特に注目されるのは、家老北条六右衛門が推進した「安永の改革」と家老吉高勘解由が主導した「嘉永の改革」である。

嘉永の改革では国産奨励がなされ、亀綾織や東山焼が始まった。

藩財政の逼迫

新庄藩の全盛時代は、藩政前期の寛文年間から正徳年間（一六六一〜一七一六）の頃で、この時代は領内からの年貢収納高も、また人高も、藩政時代を通じて最も多かった。ちなみに、延宝元年（一六七三）から天保元年（一八三〇）までの一五七年間の年ごとの年貢収納高と人口の高を記した「御収納並人高之覚」（『吉村本・新庄領村鑑』所収）をみても、年貢収納高のピークは元禄十三年（一七〇〇）の一三万余俵であり、領内人口のそれは同十六年の五万八五一一人である（第4表参照）。

同じ記録によって、この後の年貢収納高の推移をみると、享保年間（一七一六〜三五）頃までは、連年一一万俵ないし一二万俵の収納高であるが、延享元年（一七四四）以降は一転して激減し、九万俵ないし七万俵台に低下し、同年以降寛政末年（一八〇〇）までの五六年間において一〇万俵を超すのはわずか七カ年に過ぎな

第4表　新庄藩年貢収納高並びに人高の推移（延宝元～天保３）

年次	年貢収納高（俵余）	人高（人）
1673(延宝1)	93,173	
1675(延宝3)	93,201	
1680(延宝8)	98,187	(52,560)
1685(貞享2)	110,092	
1690(元禄3)	115,370	
1695(元禄8)	86,989	
1700(元禄13)	130,273	57,447
1705(宝永2)	100,052	58,177
1710(宝永7)	113,188	
1715(正徳5)	123,232	56,800
1720(享保5)	84,630	57,452
1725(享保10)	128,071	57,804
1730(享保15)	114,632	56,147
1735(享保20)	125,422	55,497
1740(元文5)	107,545	54,502
1744(延享1)	89,600	52,651
1745(延享2)	94,729	54,083
1750(寛延3)	112,238	51,987
1755(宝暦5)	31,233	
1760(宝暦10)	82,770	
1765(明和2)	77,406	46,933
1770(明和7)	80,542	49,238
1775(安永4)	90,175	50,394
1780(安永9)	81,879	49,602
1785(天明5)	56,707	47,374
1790(寛政2)	95,985	46,171
1795(寛政7)	76,698	46,238
1800(寛政12)	91,695	48,188
1805(文化2)	94,513	48,069
1810(文化7)	95,883	48,008
1815(文化12)	89,301	47,127
1820(文政3)	96,594	
1825(文政8)	76,424	
1830(天保1)	65,694	
1832(天保3)	67,688	

い。これも、同期間の前半に集中し、後半の安永年間(一七七二〜八〇)以降は、同八年を除き、他はすべて一〇万俵以下である。

藩財政の困難は、宝永初年(一七〇四)頃から目立ち始め、同二年には、大坂の商人から、同三年には永松銅山の経営主などから多額の借り入れを行っている。同七年、家督を継いだ三代藩主正庸《まさつね》は、この退勢を挽回すべく、土地・農民の再把握を企てるなどの改革を行ったが、藩政の退勢を食い止めることはできなかった。

藩は繰り返し倹約令を布いたり、藩士からの借り上げを強化したりしたが、この効はほとんどなかった。かかる事態の中で、当地方は、宝暦五年(一七五五)、未曾有の凶作・飢饉に襲われる。年貢収納高はわずかに三万俵余、藩財政はまさに危機的な状況に陥った。

町人からの借入累積

藩主正諶《まさのぶ》は、窮乏打開のために、幕府に拝借米を願い出たり、極端な緊縮財政を命じたり、さらには領内外の有力町人からの借り入れを行ったりしたが、一度崩れかけた財政は立て直すべき術もなかった。借入金の返済も滞りがちで、藩はこれらの町人に知行・格式を与えて一時を凌ごうとしたが、このような一時の糊塗策では通じようもなく、滞金のために、藩要路の役人が金主から幕府に訴えら

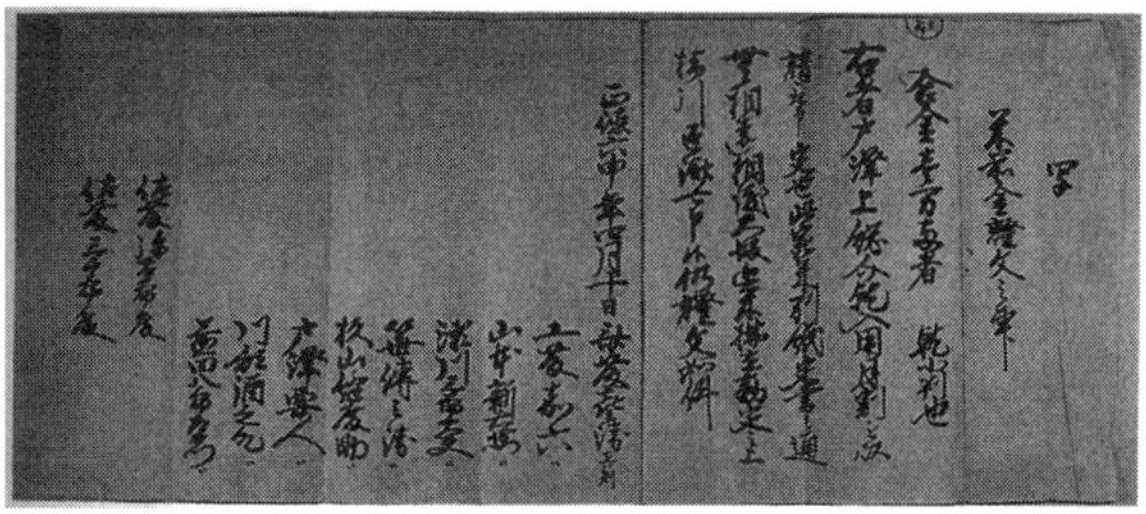

一万両借用証書

れることもしばしばであった。

宝暦十年(一七六〇)、両所村（河北町）の和田《わだ》兵左衛門《ひょうざえもん》・京都の商人伊勢屋理《いせやり》右衛門《えもん》・江戸の関口《せきぐち》庄《しょう》右衛門《えもん》の三金主が、新庄藩の滞金八三三八両余、米一万八七四一俵余の代金の返済を求めて幕府に訴え出たことや、やや時代は下るが、天明三年(一七八三)、大坂町人松浦《まつうら》長《ちょう》左衛門《ざえもん》が米三万四〇〇〇俵の代金五〇〇〇両の返金を求めて出訴したことなどはこの例である。しかし、これらはいずれも完済されることなく、ほんの少額の返済で内済にした。

北条六右衛門の改革

このような藩政の苦境にあって、藩主正諶の信頼に応え、藩財政の立て直しに当たったのは、中老堀《ほり》彦《ひこ》右衛門《えもん》（江戸詰）と同じく中老北条《ほうじょう》六《ろく》右衛門《えもん》であった。六右衛門は正諶の死後も、藩の中枢にあって、六代藩主正産《まさただ》・七代藩主正良《まさすけ》の三代に仕え、数々の改革を断行した。

六右衛門が推進した改革は「安永の改革」と呼ばれるが、その主なものとしては、安永三年(一七七四)に開始された囲籾《かこいもみ》の制、同五年から実施された領内一円にわたる地方改め（安永の地押《じおし》）、同六年に発せられた包括的倹約令、農民の離村禁止令などが挙げられる。また、藩士の学問にも意を注ぎ、石名坂村（鮭川

北条六右衛門肖像

村）の農民の子（後の三浦寛右衛門《みうらかんうえもん》）を江戸に学ばせ、後の藩校「明倫堂《めいりんどう》」の基を築かせたことも、彼の功績の一つである。

六右衛門が藩政の要路に立ち、初めて藩主に献策した施策は、宝暦飢饉の最中、宝暦六年（一七五六）に発した藩士への給米の「飯米渡しの制」であった。これは前年の大凶作のため、藩は藩士に給すべき米に窮し、非常の措置として、藩士の俸禄の高下にかかわらず、家族を含め一人一日五合の飯米を給するという制度で、藩士にとっては甚だしい減知に当たるものであった。ために、藩士の激しい反対運動が起こったが、彼は敢えてこれを断行し、藩財政再建の足がかりにしようとした。

六右衛門が実施した「囲籾の制」は、宝暦飢饉に鑑み、平年作のとき、毎年、一戸当たり籾七升ずつを拠出して村の郷蔵に蓄えておき、非常の時に備えるという備蓄制度である。平年はこの備籾は、村の困窮者に低利で貸し与えられた。この制度は幕末まで続けられた。

安永の地押

次に彼が着手したのは、領内全域にわたる田畑の検査である。前にも記したように、江戸時代の藩の経済は、領内の田畑・屋敷から徴収する年貢米に依存していた。このため、藩はその創設時に厳格な土地改め（検地）を実施して、各農民が耕している田畑の面積・等級等を検査して検地帳に記載し、これを基準にして年ごとに年貢を賦課し徴収した。新庄藩においても同様であるが、これが前回大規模に実施されたのは正徳二年(一七一二)の頃で、これ以後は、新規の新田の検地などを除き、全領内にわたる厳格な検査や検地帳の作成は行われなかった。

したがって、正徳の地方改め以来六十年も経た今日においては、かつての地方《じかた》帳★に記載された田畑の面積・等級と現段階におけるそれとの間には大きな乖離が生じているのは当然である。六右衛門はこの点を正すべく、新たに領内全域にわたる土地改めを実施し、村ごとに正確な検地帳を作成させ、これに基づいて確実に年貢を徴収するようにした。これを「安永の地押《じおし》」というが、これは彼が行った諸改革のうち、最大の効果を生んだものであった。

この「地押」の結果、領内全体としては、正徳地方帳に比較して、一万七〇〇〇余俵分の不仕付地★と七二一俵の新規取立地★が発見された。なお、新地方帳作成と併せて、領内田畑の石盛★と租率の改定も行われたようで、『吉村本・新庄領村鑑』に「一田盛十一、三〇一」、「畑盛六ツ九厘四六★」、「田畑取五ツ弐厘〇七★」とある。新庄藩の租率は本来四公六民★であったから、このたびの改定は、農民にとっては、かなりの負担増であったに違いない(「安永年中改取平均之覚」による)。

▼**地方帳**
検地帳。

▼**不仕付地**
洪水などで、作物を植えたり蒔いたりすることができなかった田畑。

▼**新規取立地**
新たに年貢を徴収することができるようになった土地。

▼**石盛**
一反歩当たり平均収穫高を指数で表したもの。

▼**畑盛六ツ九厘四六**
畑地全体の平均的生産高を一反当たり六斗九升四合六勺と見なす。

▼**田畑取五ツ弐厘〇七**
田畑の収穫高の平均五割二厘〇七を年貢として徴収するとの意味。

▼**四公六民**
収穫高の四割を年貢として徴収。

倹約令・離村禁止令の頻発

藩士や領民に対する厳しい倹約令、農民に対する離村禁止令の頻発も、安永改革の一特色である。正産《まさただ》は、安永六年(一七七七)、次のような厳命を発して、藩士の奢侈を戒め、士風の刷新をはかった。

天和年間(一六八一〜八三)以来、しばしば倹約令を下して家臣に諸事倹約を申し付けてきたが、近年は時勢によるものか、藩士の奢りが長じ、風儀の乱れが甚だしくなってきた。それでも、これまでは以前からの蓄えによって何とか持ちこたえて来たが、宝暦五〜六年(一七五五〜五六)の凶作・飢饉により、これが一挙に失われ、もはや何とも立ち行かなくなった。よって、以下の箇条を厳守し、忠節を尽くしてもらいたい——として、文武忠孝に励み、質素倹約を守るべきことなど、一八カ条を示し、これに背く者は厳罰に処すと令している(「御条目並御添書」)。

次いで、同安永六年五月、領内に対して九カ条にわたる触れを発し、領民の奢りを戒め、堕胎・捨て子を禁じ、勝手に伊勢参宮などにかこつけて村を去るようなことのないようにと命じている。

これによれば、農民は前々命じているように衣・食・住のすべてにわたって質素倹約を旨とすべきこと、庄屋以下村役人は姿勢を正して村民に対すべきこと、また、嬰児の捨て子については従前とも厳禁しているところであるが、今後とも十分留意し、庄屋は村内妊婦の出産を吟味し、もし貧困で赤子を養育しかねる家庭がある場合は、これを代官に報告せよ、これを怠った場合は、庄屋・組頭を厳罰に処す、としている。

伊勢参宮規制・都会への奉公禁止

また、農民は寸暇を惜しんで農業に専念すべし、仮にも物見遊山などで耕作をおろそかにしてはならない、伊勢参宮などに出る場合でも、村役人に届け出てから行け、その日数は五〇日に限る、これ以上の日数を費やして、他所見物などに当てるなどはとんでもないことだ、もし、三〇日を過ぎても帰村しない場合は、庄屋は代官にその旨届け出でよ、と令している。

また、別の触れには、農民が町場に奉公に出ることや他国に出稼ぎに出ることを厳禁する、もし、村を離れて奉公に出ている者があるならば、早々に帰村を命ずる、とある。

捨て子禁止、農民離村禁止等々の法令がかく頻繁に発せられていることは、反面、このような事態が現実に村々に起こっていたことを物語っている。これらの事態はいずれも藩体制を根底から揺るがすものであった。すなわち、領民間の堕胎や捨て子の風の広まりは、直ちに領内人口の減少、つまり、農業労働力の減退を招き、ひいては年貢収納高の減少を招く。農民の離村はさらに直接に年貢米の減少に連なるものであった。

したがって、藩は何としてもこのような事態の進行を防がなければならないのであるが（それ故にこのような禁令を頻発しているのであるが）、事態は一向に改善されることなく、むしろ、ますます困難の度を深めつつあった。

このようにして、安永の改革は、北条らの渾身の努力にもかかわらず、時の流れをくい止めるには至らなかった。しかし、この改革の精神は、後の十代藩主正《まさ》令《よし》に受け継がれ、さらに、後年の嘉永の改革に活かされることになる。この意味で、安永の改革の意義は極めて大きいと言わなければならない。

「戸沢と書けば金気が抜ける」

安永改革後も藩財政は一向に改善されなかった。藩要路の者が領内外の有力町人に頭を垂れ、さまざまな口実を設けて借財を重ね、その都度の急場を凌ぐという如き状況がなおも続き、藩財政はいよいよ困窮の度を深めつつあった。

領内外の町人からの借り入れの中で注目されるのは、尾花沢町の柴崎《しばさき》弥左衛門からの借り入れである。柴崎家は京都・大坂向けの紅花・生糸などを手広く扱って巨富を築き、新庄藩をはじめ奥羽の諸藩に大名貸しを行っている豪商であった。

同家の新庄藩に対する貸し付けは、天明元年(一七八一)において一万六〇七〇両であるが、その後、年々累積し、寛政五年(一七九三)には、二万一一五両余に達している。

藩はこのうち一万両を献上金として受け取り、残り一万一一五両については、このうち二五〇〇両は無利子で引き続き借用、四三一両はこの年の三月に返済、ほかは米一三二〇俵で返済することにした。

新庄藩の外債は文政年間(一八一八～二九)頃から天保年間(一八三〇～四三)にかけてその極に達した。「戸沢と書けば金気が抜ける」などと揶揄《やゆ》されたのもこの頃である。天保年間、吟味役、大納戸として江戸藩邸にいた佐藤茂平《さとうもへい》が記した「天保二年御借金取調帳」によれば、藩邸出入りの町人及び上野・芝などの寺院からの借り入れのみで九八口、金額概算九万三〇〇〇両に達している。借金返済の長年にわたる滞納のために、利息が元金を超すものが多くなり、藩重役の主な任務は、ひたすら町人に頭を垂れて、返金の延期と新規の借金を乞うことにありというような苦境に追い込まれた。

天保四年(一八三三)の大凶作は困窮の藩財政にさらに追い討ちをかけ、事態をさらに困難にした。

吉高勘解由の登用

かかる情勢の中で、藩政を担い、改革の歩を進めたのが、家老吉高勘解由《よしたかかげゆ》である。彼が推進した改革は「嘉永の改革」とよばれる。彼は文政十二年(一八二九)、家督を継ぎ、寺社奉行・御用人などの要職を歴任した。時の藩主は十一代戸沢正実《まさざね》であったが、彼はまだ幼年のため、祖父の正胤《まさつぐ》(九代藩主)が彼を後見していた。父十代藩主正令《まさよし》が天保十四年(一八四三)に三十一歳で急死。子正実が十二歳で跡を継いだからである。

正胤は勘解由の人柄と能力を見込んで、天保十五年、彼を御近習頭御用書加判に任じ、正実の施政を助けさせた。次いで、弘化二年(一八四五)、藩政改革のために新設した御手元並郷中御備米掛の主任に任じ、次いで中老、翌年、家老職につけ、いよいよ藩政改革の責任者としての重責を担わせた。

彼は世直しの諸改革を断行するに当たって、まず、その腹心というべき有能な部下、常葉嘉兵衛《ときわかへえ》・佐藤茂平《さとうもへい》などを登用し、職制の改廃、国産奨励、新田開発、年貢徴収制度の改革、産業開発等々の諸政策を断行し、かなりの成功を収めた。

改革(「御改正」と呼んだ)の号令は、弘化四年の暮れ、正胤の名で出され、同時に藩士一同に対して、俸禄は明年より「面《おもて》扶持《ぶち》の制★」に改めるとの令が下

▼**面扶持の制**
禄高にかかわらず、家族を含め、一人一日五合の米を給する。

された。この年の秋より、藩主の「御乗出し★」・「御婚礼」その他の経費支出が予定され、藩財政が立ち行かなくなってきたため、重臣らが評議を尽くした結果、このような非常の措置をとらざるを得なくなったというのである。

しかし、改革の方向はすでに、この前年から示されていた。弘化三年(一八四六)、正胤が発した藩士・領民に対する厳しい倹約令がこれである。彼は藩士に対して、絹布着用の禁止、藩士仲間の贈答の禁止、年忌・仏事の簡素化（酒は一切禁止）、家作の簡素化（鏡天井★禁止）等々の触れを下し、領民一般に対してはさらに厳しい倹約令を触れ出した。──衣服は布・木綿に限る。絹布を用いている者は見付け次第取り上げる。たばこ入れ・櫛・こうがいなどの贅沢品は禁ずる。祝儀の振舞いでも一汁一菜に限る。婚礼・仏事は簡素に──等々日常生活の細部にわたる煩瑣な禁令である。

▼御乗出し
藩主が初めて馬に乗って外に出ること(儀式)。

▼鏡天井
板を張った天井。

商業活動統制

領民の商業活動の統制を強化したのも、この改革の一特色である。──藩が特別に鑑札を与えた以外の他国商人は領内に入ることを禁止する。生糸・真綿は鑑札を許された商人以外は扱ってはならない。穀物の領外移出は藩の特別許可が必要。武器・紙屑・漆実・生糸・鮭・鮎などの領外移出禁止。在方においては小商人の行商は許すが、その他の買いものはすべて町方（城下の南北両本町・金山町・清水町（大蔵村）など七カ所）で行え——等々の規制である。

このような禁令の頻発や統制強化は、反面、商人の商業活動が活発化し、自然在方もこれに呑みこまれて、町方の風儀が農村にも押し移り、従来の村方の自給自足的経済体制が急速に崩壊しつつあることを物語っている。現に、藩は嘉永元年（一八四八）、在方の行商についても統制を強化し、今後は鑑札を所持した「背負い商《あきない》」に限るとし、その理由として、従来の村方に出向いていた行商の中には、村方に立派な店を構えて、手広く商品を扱う者が現れ、従来の商売の秩序を乱している、このため、村方の日々の生活が派手になり、農業をおろそかにする者も現れてきた、としている。

役所の改廃

改革の特色の一つは、役所の大幅な機構改革である。時代の動きに即応できなくなった役所を改廃して冗費を削り、これでもって、切迫した事態を乗り切るための役所を新設して改革の諸政策を推進しようとのねらいである。

まず、改革推進の中心として「御改正方」を新たに設け、その下に「御改正請払方」を置き、ここに武田藤太《たけだとうた》・常葉嘉兵衛などの有能な藩士を配置した。さらに改革の事業が進展すると、「備籾方《そなえもみがた》」、「新国産方」が設けられ、本格的な備荒貯穀、新田開発、国産品開発の諸政策が推進されるようになった。このことについては後に詳述する。

このたびの改革によって改廃された役所は、御鷹部屋（休止）・御作事元方・御厩・御薪小屋・畳方・下台所・川原町御会所《かわらまちごかいしょ》などであるが、これに伴う係役人の削減、配置替え、小人★の解雇が大幅に断行された。

郷村支配の根幹である代官所や山奉行にも改革が加えられた。従来、代官所には代官のもとに、その下役数名（「郷手代」という。郷の広狭によって人数が違う）がおかれていたが、これを廃して、改めてその人数を減じ、卒★から人選し、任期を一年としておくこととした。代官所の制度そのものにも一部手直しを加え、従来、領内一二郷に各一名の代官が任ぜられていたが、嘉永三年（一八五〇）、これを改めて、この半分ほどは、一人で二カ郷を兼任するようにした。

また、山奉行の手代を廃して、足軽をもって当てるようにした。

このほか、藩が小国郷の農家に委託して飼育していた種馬の頭数を大幅に減らし、諸役所で雇っていた番人や小人を一切廃止するなどの改革も断行した。

代官による年貢米の直取《じき》り立ては嘉永改革の積極面を表す一改革である。新庄藩の年貢徴収の制度は、他藩と同様、村々の田畑・屋敷の高に応じた年貢高を一括して庄屋に賦課し、これを庄屋が各村民の持ち高に応じて細分して割り当て、

▼小人
各役所の雑役に従っていた人足。

▼卒
下級足軽。

期日までに郷蔵に納入させるという仕組みであったが、とかく、この間に庄屋や組頭の不正が生じがちであった。庄屋が藩から割り当てられた額以上の高を村内各戸に割り当てて徴収し、その差額を私して私腹を肥やすというのである。また、村入用費として村民から徴収した金額の一部を村役人たちが勝手に私用する不正もしばしばであった。

年貢米の代官直取り立ては、前記の弊害を防ぐために、代官が直接に年貢を徴収するとする改革である。また、村入用費の不正を防ぐために、その収支の明細を代官に報告し、この検閲を受けることとした。年貢米の代官直取り立て及び村入用費収支の検閲のねらいは、これによって一般農民の負担の軽減をはかるとともに、村役人層に対する一般農民の不満の解消をはかる点にあった。

仕法人、遠藤仁右衛門を招く

嘉永の改革は、単に倹約令の頻発、藩政機構の改廃、年貢米の代官直取り立てなどの諸改革に止まらず、むしろ、国産奨励、新田開発などの積極的改革策を展開した点に大きな意義がある。

新庄藩においては、文政元年(一八一八)、国産掛《こくさんかかり》をおいて、桑・茶・楮・漆・桐などの有用樹木の植栽をすすめていたが、嘉永の改革においては、これが一層

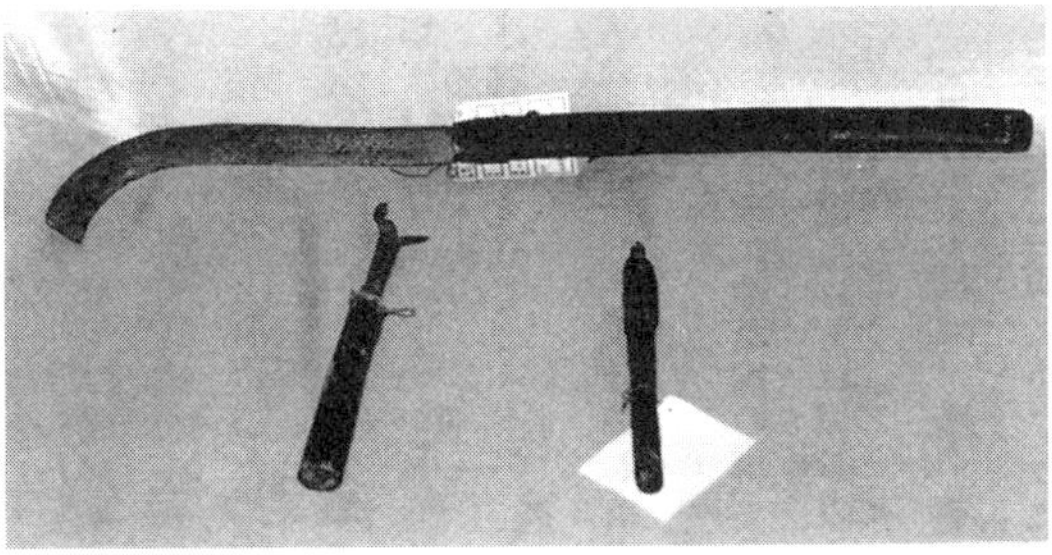

漆掻き道具

徹底され、拡大された。これには、藩が特別に「仕法人《しほうにん》」★として招いた米沢領勧《かん》進代村《じんだい》の篤農家、遠藤《えんどう》仁《に》右《え》衛門《もん》の尽力が極めて大である。

彼が新庄に招かれたのは嘉永二年（一八四九）の早春である。彼は着任早々、領内の村々を隈なく巡回して、桑・楮・漆の栽培をすすめ、栽培法を指導した。藩もこれを助成し、新たに漆を植える農家に対しては、肥料代や手間代を補助するとし、また、村々においては、庄屋が先立ちして、村内全戸が春の三日間、漆・楮・桑・桐・松・杉のうち土地柄に合ったものを植えるようにせよ、などの御触書を発している。一軒につき、三〇本・五〇本と決めて植え立てよ、ともしているが、これは後には強制的な割り当てになる。

国産奨励の第二は養蚕と絹織物の奨励である。もっとも、生糸・織物の振興は文政初年頃から重点的に推進されてはいた。織物の先進地、上州館林や桐生から織師を招いて、藩士にその技術を伝習させたのもこの頃である。彼らが織って、城下の長泉寺《ちょうせんじ》に奉納した見事な三十三観音掛仏が現存しているが、これには、文政十三年（一八三〇）に上州館林と桐生の織師三名が奉納した旨が記されている。

生糸・織物の振興策は嘉永の改革において、さらに拡張、充実がはかられた。これは主に藩士の内職（副業）として推進されたが、後には亀甲紋を織り出した高級品をも製出するようになった。この織物は「新庄名産亀綾織《かめあやおり》」の名で、広く世に喧伝された。

▼仕法人
新田開発、殖産興業の指導者。

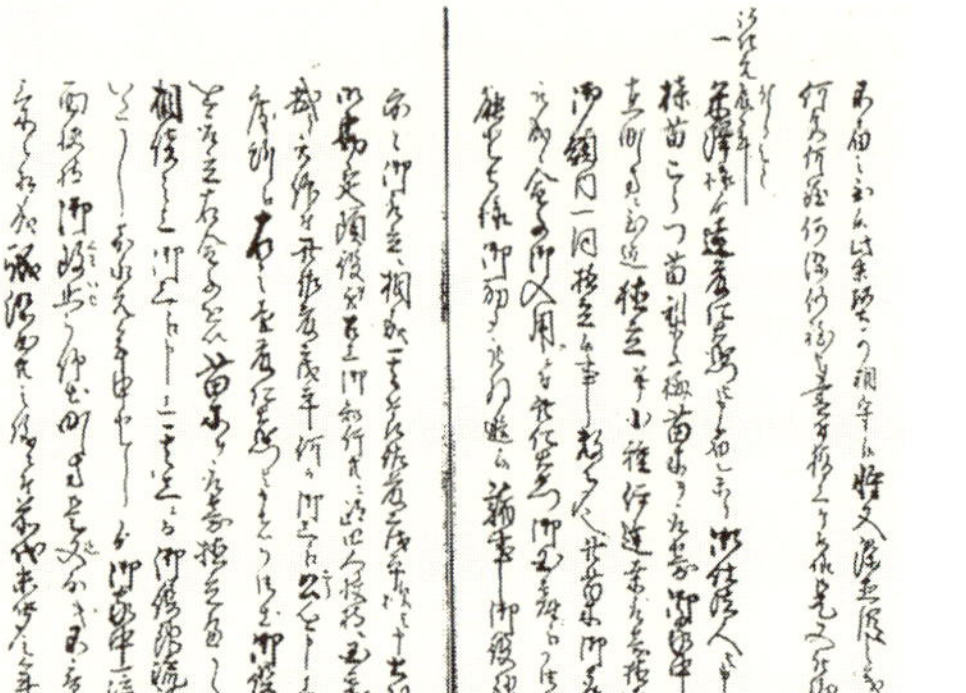
新庄市郷野目家文書「万覚帳」の中の遠藤仁右衛門に関する記述

新庄東山焼の創始

この時代、創出された国産品の一つは、現在も営まれている新庄東山焼《ひがしやまやき》（製陶）である。東山焼は、越後国出身の陶工涌井弥兵衛が、天保十二年（一八四一）、新庄藩の瓦師として雇われたことに始まる。弥兵衛は若くして陶工を志し、諸国修業の後、秋田領寺内村に至り、久保田藩の瀬戸場棟梁に任ぜられた。さらに、技術を磨くべく京都に向かう途中、当地に至ったところ、新庄藩物産方北条喜兵衛に見出され、藩の瓦師に任ぜられた。彼は東山に瓦小屋を賜って業に従ったが、翌十三年、製陶の業を興すことを出願して許しを得た。その後、製陶の業は順調に発展し、弘化三年（一八四六）、酒田地方に移出したのをはじめ、その後は村山地方へも大量に移出するようになり、一躍新庄名産東山焼の名が高まった。

主なる製出品は、土鍋・行平・擂鉢・すず徳利・片口・湯通し・砂鉢・茶碗などの庶民の日用雑器であるが、後には石焼きの花瓶、銚子、爛すず等の高級品をも製出するようになった。

初代涌井弥兵衛陶像とロクロ

紫山の新田開発

以上のような産業開発政策と相並んで、嘉永改革が最も力を注いだのが新田開発政策である。このモデル事業として推進されたのが紫山《むらさきやま》地内（舟形町）の開発である。紫山は小国《おぐに》川右岸段丘に位置する地区であるが、水利の便が悪く、長く原野のままに残されていた。

この地の開拓を計画・指導したのは、前記の米沢領から招いた仕法人、遠藤仁右衛門である。藩は、安政二年（一八五五）、春、紫山植立伐開掛として、中老寺《てら》内弥蔵《うちやぞう》を筆頭に、側用人中村善作《なかむらぜんさく》、寺社奉行佐久間浅右衛門《さくまあさえもん》（後に福寿野《ふくじゅの》村開拓に当たる）、御改正方佐藤茂平らを任命した。

開拓に先立って、遠藤らが樹たて開発計画は、次のようである。まず、藩は紫山開発助成金として、年々六〇両ずつ下賜すること。このうち、三〇両は来年度以降十年間、この地への入植者の助成金とし、他の三〇両は有用樹木植え立ての費用に当てる。このほか、入植者を募るために、初年度の入植者に限り、大きさ二間に三間の掘っ立て小屋一軒・鍬一丁・鎌一丁・唐鍬一丁・米五俵・味噌一〇貫（金額にして約三両）を給付すること、なお、屋敷地として間口五〇間、奥行き一〇〇間の土地を与えること、としている。このような準備の上、翌春から開拓を始め、三年間も続ければ、噂を聞き、多くの入植希望者が現れるであろうというのである。

紫山の開発は、この後、順調な発展を遂げた。遠藤仁右衛門は、安政六年(一八五九)春、任を終えて帰国するが、藩は彼の功績を賞して銀若干を与え、特に使役北条左金太《さきんた》を付き添わせて彼を送った。また、彼の養子助蔵《すけぞう》をして仁右衛門の名跡を継がせ、藩士の列に加えた。

家老吉高勘解由らが渾身の力を込めて断行した嘉永の改革は、新庄藩における幾度かの藩政改革の中では最も成功した改革であった。この改革によって、危機に瀕していた藩財政は幾分かの生気を取り戻し、辛うじて、幕末維新の激動を乗り切ることができた。また、藩政中期以降、下降し続けていた領内人口が、幕末においてわずかながら上昇の兆しをみせるが、これも嘉永の改革の一成果とみることができる。

これも新庄

お国自慢

ここにもいた新庄人①

近世・近代日本を彩る新庄出身者たち

村おこしの先駆者

松田甚次郎《まつだじんじろう》（一九〇九〜一九四三）

稲舟村鳥越の旧家の長男として生まれ、村山農学校を経て、盛岡高等農林学校別科修了。羅須地人協会を営んでいた宮沢賢治を訪ね、①小作人たれ、②農村劇をやれと諭される。これを生涯の実践課題として取り組み、賢治精神の顕現に努めた。帰郷後、父から六反歩の田地を借り、小作人同様の生活をし、村の青年に働きかけて鳥越倶楽部を結成、演劇活動は生涯を通して続けられた。彼は、凶作や経済不況に悩む村の再興を企て、自給自足の農業を営み、村に消費組合を組織する。農学者小野武夫等の指導を受け、最上共働村塾を開き、全国の子弟の養成に当たった。彼の実践は多方面から注目され、有栖川宮記念厚生資金を受け、村に農繁託児所を開き、共同炊事所、共同浴場を開設した。実践記録『土に叫ぶ』を出版し、超ベストセラーとなり、劇化もされロングランの上演となった。『宮沢賢治名作選』を発刊、賢治文学の普及に努めた。

狩野派の復興に尽力

狩野探令《かのうたんれい》（一八五七〜一九三一）

本名荒木丈太郎。新庄藩士荒木勝太夫の長男。十一歳のとき、絵師菊川淵斎について絵の基本を学び、上京して狩野探美の門に入り、本格的に狩野派に学んだ。石川県技師、佐賀県技師に任ぜられ、文部省美術工芸学校教諭を命ぜられた。東宮御座船装飾絵の揮毫、東宮御所の壁画御用を仰せつかった。大正五年、東京市が御大典祈念として著名画家の絵を献上した際に、探令も「浅草寺侍乳山の雪景」を描いた。新庄市内金沢町接引寺に彼が寄進した「釈迦出山の図」と「白衣観音図」が伝えられている。

明倫堂を支えた碩学

三浦龍山《みうらりゅうざん》（一七五五〜一八三七）

本名寛右衛門。石名坂村（鮭川村）の農民の出。若くして向学心強く、藩家老北条六右衛門の僕となる。北条は彼を江戸に登らせ、高羽翼之の門に学ばせた。帰国後、士列に任ぜられ、三浦家に養子に入った。文化七年、学識が買われて藩校の専任教授に任ぜられた。彼はこの期待に応え、大いに藩校の制度、内容を改革し、真に有為の子弟を養成し得る学府とした。三浦家は龍山以下三代にわたって藩校「明倫堂」を支えた。また、漢学を教える私塾「積芳園」は明治四十年まで続き、多くの子弟を育てた。

大正デモクラシーの普及に努力

嶺金太郎《みねきんたろう》（一八八一〜一九二七）

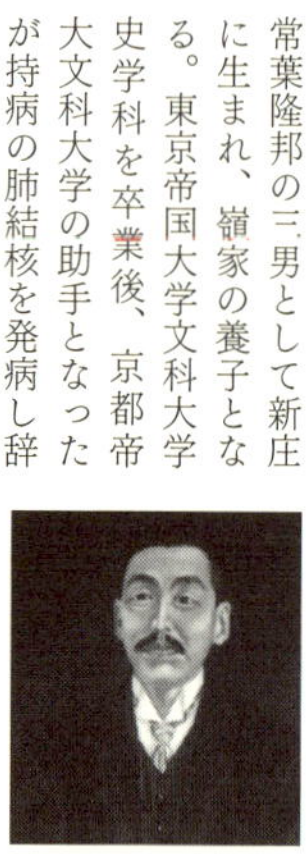

常葉隆邦の三男として新庄に生まれ、嶺家の養子となる。東京帝国大学文科大学史学科を卒業後、京都帝大文科大学の助手となったが持病の肺結核を発病し辞職。新庄に帰り月刊郷土雑誌『葛麓』を発刊。キリスト教布教と郷土研究にとどまらず、地域の政治・文化・時事問題などを論ずるようになる。人民主権・人間平等・平和主義の立場から住民の啓蒙に努めた。著書に『増訂最上郡史』などがある。

海外貿易の先駆者

堤林数衛《つつみばやしかずえ》（一八八三〜一九三八）

旧藩士の子どもとして新庄に生まれた。台湾に渡り、教員・巡査の職についたが、炭鉱事業に成功。明治四十二年、キリスト教の布教と家庭薬品の販売をめざし、一五名の青年を率いてジャワ島に渡り、南洋商会を設立。農園経営、貿易商として事業を拡大。一時は南洋各地に四十数支店、三百人の従業員を擁するに至ったが、経済恐慌により倒産。築き上げた資産はすべて従業員に分与した。

第五章　暮らしと学問

藩校明倫堂や私塾・寺子屋が開かれ、城下は賑わった。

1 村の暮らし・町の暮らし

厳しい自然環境、苛酷な重税のもとにありながらも、人々は懸命に生きた。彼らが日々の生活の中で築き上げた知識や技術には、今日からみてもかなり高度なものがある。城下町新庄は領内随一の商業都市として賑わった。

三尺餅・一丈餅

藩政後期、文政年間から天保頃にかけて川野内村（真室川町）の筆取を務めた一農民が、日々の出来事を記した詳しい日記を残しているが、この中に「今日、三尺餅を搗《つ》いてお祝いをした」とか、「一丈餅を搗いて祝った」とかの記載がある。「三尺餅」・「一丈餅」と言っても、いまは全く分からなくなってしまったが、この村の古老に聞いたところ、それはそれぞれの農家が作物の肥料にする堆肥《たいひ》を作ることで、この高さが三尺（約一メートル）になると、今年は多量の肥料ができた、これで今年も豊かな稔りを得ることができる、めでたいことだ、と言ってお祝いしたのだと教えてくれた。

「稲作りは土作りから、土作りは肥《こえ》作りから」という諺は、村ではいまも生きている。昔は化学肥料はなかったし、魚粕や油粕の金肥★もほとんど使わなかった

▼金肥
金銭を支払って買い入れる肥料。

から、肥料と言えば、堆肥や下肥《しもごえ》だけであった。堆肥は多く馬や牛に踏ませた藁《わら》や草を積み上げて、これに水や下肥をかけて発酵させて作る。積み上げるときは、一間ぐらい（約一・八メートル）の木枠に押しこみ、固く踏みつけて、徐々に高くする。

発酵の途中で、時々細かく砕いて積み直す。これを「切り替え」というが、こうして完熟した堆肥は、田畑の作物にこの上ない栄養となる。稲作りは堆肥作りから始まる。人々はこの堆肥作りに大変な努力を払った。

稲作りの一年

稲作りは、冬の最中《さなか》、深い雪の中で始まる。正月元日（旧暦）、人々は今年の豊作を願って餅を持参し、鎮守の宮に初祈りに行く。また、山際の村では藁で幣《ぬさ》を作り、これを持って山の神に正月礼に行った。十一日は、「肥背負い」・「農始め」と言って、前夜に用意しておいた、小さく丸めた堆肥を背負って自分の田んぼに行き、これに松の小枝を挿して秋の豊作を祈った。この行事は、未明に村の庄屋が吹く法螺《ほら》の音を合図に一斉に始めるものであった。

昼は、今年の農作業に使う荷縄を綯《な》い、蓑を作り、牛馬の道具を作った。

十五日は小正月。山から伐ってきたミズキの梢に団子や餅を挿し、屋内部屋に飾る。ミズキの根元には、「粟穂」と言って、藁しべ一二本（閏《うるう》年は一三本）を垂らし、これに餅を千切ってつける。これを「なし団子」と呼ぶが、秋になったら田畑の作がこのように豊かに稔ってほしいとの祈りをこめた予祝の行事である。

二月、そりで堆肥を田んぼに運び、雪に穴を掘って放りこむ。「肥曳《こえひ》き」の仕事である。雪の日は、囲炉裏端《いろりばた》で藁仕事、主婦は夏に着る仕事着を繕《つくろ》う。若者たちは、仲間同士、宿を決めて一カ所に集まり、藁仕事に精を出す。先輩から藁細工の技も習うが、同時に村の成員としての教育、性教育までもが施された。

三月、本格的な農作業が始まる。まず、苗代作り、次いで種蒔き。また、畔《くろ》塗り、続いて田打ち（耕起）である。すべて、腰を曲げて、鍬・鋤を使っての手作業だから大変な重労働である。反面、そのあいだに楽しみもある。三月節句の雛まつり（くじら餅を搗く）であり、カド焼き（隣近所・仲間同士で山に行って生《なま》鯡《にしん》を焼き、酒を飲む）である。「山の神の勧進」と言って、これまで山を守っていた山の神を里に迎える祭りも行われた。今度は田んぼを守ってもらうのである。

田植え、お盆休み

四月、前に打った田んぼの土塊を砕く「くれ切り」が行われ、代掻きが始まる。田植えの準備である。畑の豆蒔き、小豆蒔きも急がなければならない。

四季農耕図（部分）

五月、田植え（「さつき」という）。各農家とも一斉に短い日数の間に済まさなければならないから、隣近所、親類同士「結《ゆ》い」（「ヨエ」と発音）で仕事を進める。田植えや稲刈りなどの農作業、屋根の葺き替えなど、農家の仕事は大抵「結い」で行われた。五月節句、どの家も菖蒲や蓬《よもぎ》を屋根に挿し、笹巻きを食べ、菖蒲酒を飲んで、健康を祈った。

六月から七月にかけては田の草取りの季節。三回も四回も行わなければならない。また、雨の少ない年は、夜中でも田んぼを見回って水引きをしなければならない。大根や人参・蕎麦の種蒔きも急がなければならない。

七月はお盆で休み日が多い。十日は墓掃除、十三日は家族揃って墓参り、十六日は送り火を焚いて、家に迎えた先祖の霊魂を山に送る。この日を中心に数日間、盆踊りが催される。日頃の苦労を忘れる楽しい日々である。

七月末から八月にかけては台風の季節。暴風雨が襲来して、花をつけ始めた稲が一夜にしてやられることもある。村々では「風祭り」をして、作物の無事を祈った。

秋の収穫

八月、稲穂が揃い、月末から稲刈りが始まり、九月には本格化する。刈り取っ

四季農耕図（部分）

た稲は畔に立てた杭にかけて、あるいは畔に立てて乾かす。乾いた稲は順次家に運び、後にまとめて籾を扱《こ》き落とす（稲扱《いねこ》き）のであるが、九月頃は雨の日が多く、取り入れには、毎年大変苦労する。天日で乾かないときは、屋内の囲炉裏の上に設けた火棚に上げて乾かさなければならない。「秋上げ半作」という諺がある。

稲扱きは大半夜の仕事である。日中、牛馬や人の背で大量に運んできた稲を、土間の「稲部屋《いなべや》」（「稲坪」とも言う）に積んでおき、夜に扱き落とすのである。これも、一把一把「千歯扱《せんばこ》き」にかけるか、「扱《こ》き箸《ばし》」で掻き落とすのであるから、現在では想像もつかないほどの時間を要した。この作業も提灯のかすかな明かりの下で進めるのだから、目をわるくするのも当然であった。稲扱きは十月末頃まで続けられた。

田の神送り・降雪

この間を縫って、蕎麦刈り・豆曳きなどの畑仕事を進めた。

雪の早い年は、十月下旬に降雪をみる。だから、この頃までには是が非でも、田畑の取り入れを済まさなければならない。また、冬の薪を準備し、家や樹木の雪囲いも済まさなければならない。

四季農耕図（部分）

一面、秋は収穫の喜びの季節でもあった。九月は、九の日ごとに餅を搗いてお祝いをした。この最後の餅、二十九日の餅が「刈上げの餅」である。「刈上げの餅は乞食《こじき》でも搗く」という諺があるように、どんな貧しい農家でもこの餅は搗いた。この餅は、一年苦労を共にしてきた牛にも馬にも食べさせた。十月十六日は「田の神様」の祭日。この日、これまで田んぼを守ってくれた田の神が山に帰る日とて、どこの家でも早朝暗いうちに餅を搗き、田の神に一升餅を背負わせて山に送った。

十一月、稲扱きに続いて、「米拵え」の仕事が進められる。扱き落とした籾を擂石《するす》にかけ、中の米粒を取り出す作業である（「脱穀」ともいう）。これも長い時間を要する面倒な仕事である。屋内土間に擂石を据え、これを二〜三人で回転させて擂る。

次いで、擂った籾を唐箕《とうみ》にかけて籾殻《もみがら》と米粒を吹き分け、さらに米粒のほうを千石通しや万石通しにかけて、砕け米・青米を除去する。こうして選り分けた良質の米だけを枡で量《はか》って俵に詰める。この米が年貢米として藩に納められ、自家の飯米となる。こうして、稲作りの一年は終わる。

年貢を納め終わる頃は、冬の最中、外は雪が深く、猛烈な吹雪が吹き募る。外で遊べなくなった子どもたちは、囲炉裏の端で、また、炬燵の中で、父母や祖父母の語る昔話を聞く。

契約講・村定め

藩政時代の農民の生活は、村を単位として営まれていた。この時代の「村」は、現在の大字に当たる。農家は隣接の五軒で「五人組」の組織を作って、何事にも力を合わせ、相互に助け合って日々を送っていたことは、前にも記したが、村にはこのほかに「契約講《けいやくこう》」と呼ぶ自治的な組織があった。

契約講は、毎年十月二十日頃に各戸の主人が集会を開き、葬式のときの手伝いのことや村の共同作業（道普請・堰掃除のこと）や、村共有地の利用（萱場・採草地などの利用）について協議決定する寄合のことである。協議が終わると、決まった献立で盛大な宴会が開かれる。

ここで決定されたことは書役によって契約講帳に記録される。例えば、村の中で死者が出た場合は、どの範囲の人が、何ほどのお悔みを持参し、どんな手伝いをしなければならないか、その時の会葬者にどんなご馳走を供するか等の決まりが記される。また、入り会いの採草地や萱場は何月何日から入って刈り取ってよいか（「山の口開け」という）、道普請は何月何日に行うか、何人出なければならないか等も記録される。

これらの決まりを基にして、村人すべてが守らなければならない掟が決められることもある。例えば、博奕《ばくち》を開帳してはならないとか、他人の持ち物、特に鍬・鎌・田畑の作物を盗んではならない、これらの禁を破った者は厳罰に処するなどと記されている。処罰として、野《の》村(舟形町)の「村定条々」は、博奕の宿を引き受けた者はその家は取りこわす、その上、罰金として三貫文を村に差し出し、村の小走り役を三十日間勤めなければならない。また、堀内《ほりのうち》村(舟形町)では、他人の稲を盗んだ者は生き埋めにする、畑作物を盗んだ者は、村外れに立てた柱にしばり付け、三日間さらし者にすると定めた(同村両徳院の「万留帳」による)。

家訓・「農家百首」

村の中で一人前の農民として身を立てていくことは、実は容易なことではない。まず、農民であるからには、稲作りに精通していなければならない。また、一家を背負い、村の衆と交わりつつ生きていくには、それ相応の知識や心得が不可欠である。親を敬い、夫婦兄弟睦まじくして日々の仕事に励み、勤倹節約を旨とした生計を立て、秋の年貢は間違いなく納めなければならない。

昔の人々は、戒めを和歌や覚書の形で子孫に残していることが多い。旧大滝《おおたき》村庄屋庄司某もその一人で、「農家百首」の題で、稲作りの要諦や処世の戒めを百余首の和歌で表し、子孫に伝えている。それにはこんな和歌が記されている。

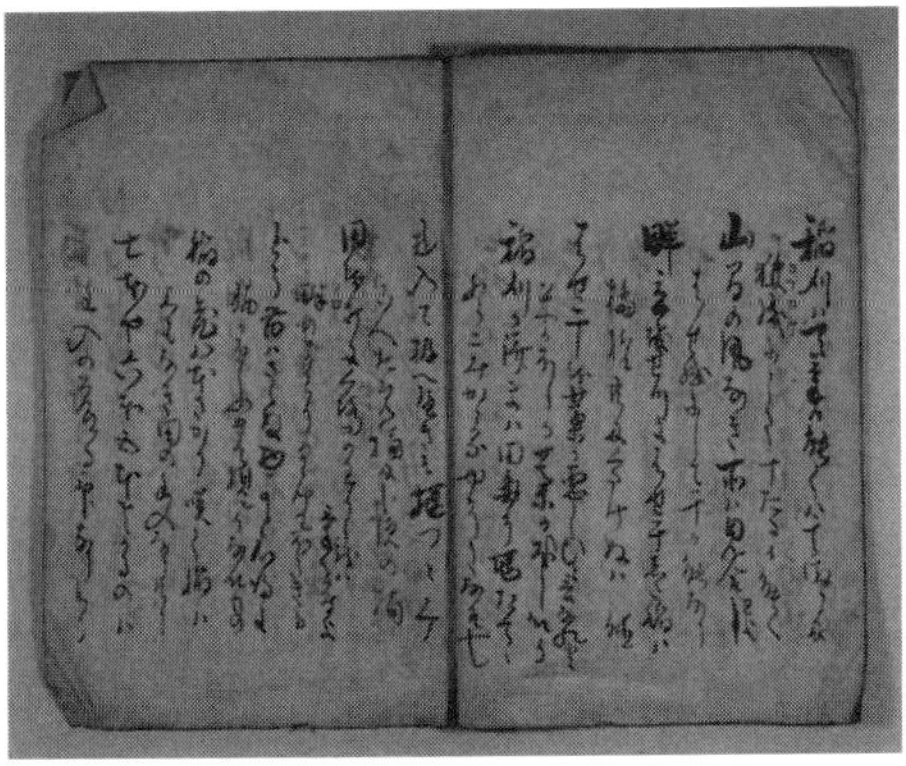

「農家百首」(部分)

・一番の米は種にしその次はお上にあげる物成にせよ
・三番の米をば払米にせよ四番の米は飯料にせよ

農民は、自分が一年間汗水流して作った米をそのまま食べることはできなかったのである。その最も良質の分は来年の種物にせよ、その次の米を年貢米として藩に納めよ、この余った米は商人に売る「売米」にせよ、自分たちが食べるのは残りの四番目の米である。というのである。四番目の米は、恐らく砕け米や青米などの粗悪な米であったに違いない。こうしなければ、農民は暮らしを立てていくことができなかったのである。

また、稲作りには、第一に種籾が大事であるから、注意して女稲の穂を選ばなければならない。女稲と男稲とはどこで見分けるか。女稲は男稲と違って、穂先が二本揃って平らに伸びているものである。穂先が一本になっているもの、あるいは三本になっている稲は男稲であるとして、次の和歌を記している。

・種籾は女稲の籾を種にせよ秋の実取りが多き有るゆへ
・女稲とは元も向ひて枝が出て穂先も二本揃ふものなり
・一本や又三本と揃ふのは種にはするな男苗ゆえ

種籾を選ぶには、さらに細心の注意が必要である。その一つは収穫する時期であり、二つは穂のどの部分を種籾として採るかということである。これを教えているのが、次の和歌である。

・種にする穂は霜前払て取れ蒔たる時に生へかたがよい
・種籾は穂の半より先のかたとりたる籾が延（伸）がよきゆへ

一首目は種にする稲は霜の降る前に刈り取れ、霜前に刈り取った種は、苗代に蒔いた時発芽がよいといい、二首目は種にする籾は穂の先のほう半分から採れ、元のほうの籾は発芽した後の生長がよくない、というのである。

高度な稲作技術

「種籾を採る稲は早期に刈り取れ」、「種にする籾は穂先半分のものとせよ」の二つは、現在でも稲作の栽培技術の通論とされている。藩政時代の稲の栽培技術はすでにこれほどの高水準に達していたのである。

「農家百首」は、このほか、種の降ろし方について、また、苗代の管理について、田植えについて、除草や施肥について、さらには収穫について、脱穀・調整について、果ては年貢米の納め方についてまで、種籾の選び方同様、実に細々としたことを記している。田畑の土作りについては、特に詳しい。

これらの知識・技術を完全に身につけなければ、一人前の農民とは言えない。これは稲作だけのことではない。畑作もあれば、山仕事もある。牛馬を飼育し、これを自在に駆使し得る技術も必要である。同時に、文字を読み書きする能力も、

四季農耕図（部分）

年間の生産・消費に関する収支の計算能力も必要である。

藩政時代の若者たちは、これらの知識・技能を父母や兄弟とともに働きながら、また、先輩・仲間との交流で修得し、家を支え、村を築く大人として成長した。

「丸くとも一角あれや人こころ」

藩政時代の人々は、日常の生活の中で、どんなことを大事なこととして日々を過ごしていたのであろうか。もちろん、学校などに入って特別の教育をうけたことのない人々であるからこんなことを仰々しく書いたり、他人に喧伝したりすることはない。しかし、彼らにもそれは確固としてあったのである。前に記した大滝村（真室川町）旧庄屋庄司家に「田舎《いなか》一休《いっきゅう》狂歌《きょうか》咄《ばなし》」と題した数葉綴りの粗末な古文書がある。末尾に「文化二年丑三月吉祥日　大滝村某写之」とあるから、当時、一般に流布していた本の写しかもしれない。

内容は、以下に見るように、人たるもの主人を敬い、親を大切に、夫婦兄弟仲睦まじく、正直に、懸命に日々の仕事に励むべきことを諭したものであるが、これも平易な言葉を並べた和歌の形式をとっている。これらの徳目は如何にも平凡そのものであるが、当時の庶民が世を渡っていくためには、極めて大切なものであった。その中に、次の一首がある。

・丸くとも一かどあれや人こころ余り丸きはころびやすけれ

生きるに難いこの世を渡っていくには、まず心が円満でなければならない。しかし、円満だけでは不十分である。どこか一つ角がなければならない。己自身の信条、他に譲り得ない確固たる信念を持たなければならない。円満だけでは他人の言や時の動きに流されてしまう——ということをこの和歌は教えているように思われる。

また、若者が自分の命を粗末にすることを戒めて、

・父母のいたはりそだてし甲斐もなく身をあだになす人ぞはかなき

と言いながら、他方で、

・恩のため捨てる命は惜しからずほかのことには命捨てるな

と言う。親から受けた生命は大切にしなければならない、しかし、この大事な命も自ら捨てなければならないことがある、それは恩を報ずるときである、というのである。受けた恩はわが命に代えても返さなければならないというのが、当時の人々の生きる「道理」であった。

農民の「道理」

藩政時代の農民や町人が、藩役人や村役人、ある場合には藩主その人の非法・

不法に抗議して、極刑をも恐れず、果敢に立ち上がったのは、先祖以来のこのような生活の「道理」が彼らの内にあったからと思われてならない。

彼らは藩役人や村役人の不正を許すことはできなかった。それは自分の内にもっている生きる信条と相容れないからである。不運にも捕らえられ、裁きの庭に据えられた一揆・騒動の首謀者が、最後まで正しいのは自分であり、不正なのは役人たちと堂々と言い放ち、従容として死んでいく。この信念は一体どこからきたものであろうか。特別に教養があるとも思われない、あるいは文字もろくろく読めなかったかもしれない庶民がどのようにして、このような信念を身につけたのであろうか。

それはきっと、先に記したような平凡な親の教えや態度から、あるいは日常接する先輩・同輩の言動から見習ったものに違いない。また、赤ん坊のときから父母や祖父母に抱かれて毎晩のように繰り返し繰り返し聞かされた昔話や村の伝説も、恐らくは、彼らのこうした信念の培養に大きく寄与しているかもしれない。

ともかく、このような庶民の信念、生活信条が大きく時代を動かし、新たな歴史を紡いできたのである。この意味でも、先に記したような庶民自身が子孫に残した記録や、文字を知らない人々が語り継いでいる昔話や伝説は、大きな意義あるものとして見直されなければならないように思われる。

とすれば、これらの和歌は単に平凡だ、古くさいという一言では済まされないように思われる。これらの平凡とも見える一つひとつが人々の日常の大切な生活規範であり、その確固たる生活信条が、時に社会の矛盾と真っ向から対決することがあったからである。

城下の諸町 (1)

戸沢氏が領内支配の根拠地として建設した新庄は、領内随一の都市として大いに繁昌した。新庄城本丸を中心に、この周りに二の丸・三の丸の郭を区画して、藩の諸役所、家臣団の住む侍町（家中町）とし、これを取り囲むようにして走らせた羽州街道に沿って、多くの商人町・職人町を設けた。城下町の南から挙げれば、落合町・清水川町・馬喰町・南本町・北本町・横町・万場町・吉川町・鍛冶町・茶屋町等の諸町である。

このうち、南本町・北本町の両町は、諸町中最も賑やかな町で、元禄の昔、俳人松尾芭蕉を迎えて共に俳句を詠《よ》んだ渋谷盛信《しぶやもりのぶ》（九郎兵衛。城下随一の豪商）やその弟風流《ふうりゅう》が店を構えたのは南本町（現在の山形銀行新庄支店あたり）であり、藩政後期、永松銅山（大蔵村）の産銅の大坂移出を請け負って巨富を築いた遅沢《ちざわ》屋庄右衛門《やしょうえもん》が店を張ったのは北本町であった。秋田・津軽の大名が参勤交代の折に休泊する本陣宿もこの両町にあった（南の本陣は現在の山形銀行新庄支店南、北の本陣は松屋菓子店あたり)。

　南・北両本町、万場町などは大小の商人が店を構える商人町であるのに対し、鍛冶町・紙漉町・鍋屋河原などは、人々の生活に用いる道具類を作る職人たちが集住する職人町であった。鍛冶町は鍬・鎌・刀などを作る職人の町、紙漉町は紙を漉《す》く職人が住む町、鍋屋河原は鍋・釜などを作る職人が住んでいた。職人の町はもっとあったかもしれないが、十分には明らかでない。あるいは、鍛冶町のようにまとまらずに、商人町や百姓町の間にまじって、一軒、二軒と散在していたのかもしれない。

　商人町の南の入口と北の入口には、木戸口(大門)が設けられ、番人がいて朝夕これを開閉して、怪しい者の出入りを監視していた。南の木戸口は落合町の東外れ、中野《なかの》川の橋のたもとにあった。北の木戸口は吉川町の西外れ、指首野《さすの》川のたもとにあった。

城下の諸町 (2)

　藩政後期、寛政(一七八九～一八〇二)頃の城下町の賑わいを記録した人がいた。下野明村(金山町)の庄屋正野茂左衛門がこの人で、著した本は「新庄寿永軒《じゅえいけん》見聞集《けんぶんしゅう》」である。「見聞集」は、城下町の北の入口、茶屋町から筆を進めている。

これによれば、諸町の様子は次のようである。
――そもそも当国は戸沢能登守《のとのかみ》のお国で、葉山《はやま》・月山《がっさん》・最上川が領国の四囲を固め、猿羽根《さばね》山を一の固め、堺田を二の固め、舟形の舟渡しを三の固めとした堅固無類の国である。

城下の諸町は賑々しく、まず、北の入口茶屋町は往来の旅人が休む町で、餅・麺類・酒・肴・菓子を商う店が多い。土産物屋もある。これに続く鍛冶町は侍の使う刀・長刀・鑓《やり》・鉄砲等の武具、大工道具の斧《おの》・鐇《まさかり》・鋸《のこ》・鉋《かんな》・曲尺《まがりがね》・鑿《のみ》・錐《きり》・釘抜《くぎぬ》き、また、百姓の用いる鍬《くわ》・鎌《かま》・鉈《なた》・馬鍬《まぐわ》・熊手《くまで》・庖丁《ほうちょう》などを作る町である。

この町の東外れに指首野川に架かる橋がある。この先に大門があって、道の両側が高い土手に囲まれている。ここは城下町の北の入口を固める関門である。この東側は広小路で、この奥に藩主戸沢氏の氏神天満宮がある（町人が天満宮を参拝できるように、ここに分祀した）。この町は吉川町で、雨具を売る店が多い。歩行合羽《かちかっぱ》、刀・鉄砲の雨鞘《ざや》、挟箱《はさみばこ》の油単《ゆたん》、荷物を包む油紙《あぶらがみ》、菅笠《すげがさ》・編笠《あみがさ》・蓑《みの》など一つとして揃わぬものはない。

この町の東外れを右折すれば、長町（万場町のこと）。この町には在々からの出買いが多い。米・麦・黍《きび》・蕎麦《そば》などの穀物、大根《だいこん》・蕪《かぶ》・人参《にんじん》・牛蒡《ごぼう》・韮《にら》・大《にん》蒜《にく》・茗荷《みょうが》・水蕗《みずふき》・瓜《うり》・茄子《なす》・大角豆《ささげ》などの野菜、独活《うど》・竹の子・蕨《わらび》・芹《せり》・山葵《わさび》などの山菜、栗《くり》・柿《かき》・梨《なし》・李《すもも》・桃《もも》・梅《うめ》・西瓜《すいか》・葡萄《ぶどう》などの果物、松茸《まつたけ》・舞茸《まいたけ》・椎茸《しいたけ》・初茸《はつたけ》・紅茸《べにだけ》などの茸類、また、豆腐《とうふ》屋・蒟蒻《こんにゃく》屋・酒屋・糀《こうじ》屋・醤油《しょうゆ》屋などが軒を並べている。織物などは京都・江戸に劣らない高級品を並べている。万《よろず》の店が並んでいるので、この町を万場町という。

次は横町。この町は化粧品が名物である。鬢付《びんつ》け油・元結《もとゆい》・櫛《くし》・笄《こうがい》・かんざし・剃刀《かみそり》・紅《べに》・白粉《おしろい》・足袋《たび》・木履《ぽっくり》などを商う店が多い。

城下の諸町 (3)

次は北本町。南本町を合わせて大町ともいう。両町の境は右手に大手御門のあるところである（現在の市民プラザへの入口）。町の東側に佐竹侯《さたけこう》・津軽侯《つがるこう》の泊まる御本陣がある。両町の店の構えは華やかで、商う品物は布・木綿・絹布の類。綾《あや》・繻子《しゅす》・縮緬《ちりめん》・どんす・縮《ちぢみ》・縞織《しまおり》・正絹《しょうけん》・奈良晒《ならさら》し・綿織《めんおり》等々の呉服物である。

このほか、薬種・金仏・木仏・御経・書物・墨・紙・筆を扱う店も多い。また、この町の染屋は布・木綿・絹布類、小紋・形付・指入・藍染め・茶色の類まで、高級品を染め出して京・大坂に移出している。医者は本道・外道・目医者もいる。

次は馬喰町。この町は馬を扱うところ。第一に領内の小国駒《おぐにごま》（現在の最上町は著名な馬産地であった）、次に秋田・南部《なんぶ》・津軽・矢島《やしま》・本荘《ほんじょう》の駄馬が入り込んで、その数を知らない。連日、仙北・矢島・越後・関東の馬喰が集まり、馬売買の合図に鳴らす手拍子は万雷のようである。

この南は清水川町。この町は鳥類・魚類を商う町である。雁《かり》・鴨《かも》・雉子《きじ》・小鳥《ことり》・鯛《たい》・鱸《すずき》・鮒《ふな》・䱐《とびうお》・鱈《たら》・蛸《たこ》・鰯《いわし》・烏賊《いか》、塩魚では塩引《しおびき》・鯨《くじら》・鮪《まぐろ》・鯵《あじ》、干し魚では鯡《にしん》・干鮭《ほしじゃけ》・鰹節《かつおぶし》・数の子・干鰯《ほしいわし》、川魚では鮭《さけ》・鱒《ます》・鮎《あゆ》・雑魚《ざこ》などが並んでいる。

第5表　延享3年　城下町の商店数・職人数

職種＼町名	金沢町	南本町	北本町	合計
酒屋	2	9	10	21
薬種屋		2		2
糀屋	1	5	10	16
油屋		8	9	17
豆腐屋	1	8	8	17
茶屋	4	4	9	17
荒物屋 五十集屋	14	15	28	57
桶屋		1	6	7
桧もの屋			1	1
染屋	1	10	4	15
仕立屋		2	2	4
塗師屋			2	2
貼替屋		1		1
銹屋		1		1
研屋		1		1
鋳掛屋		2	2	4
鍛冶屋	4	1	8	13
大工	5	7	7	19
木挽	3	2	4	9
合計	35	79	110	224

この町の南端から東に折れれば落合町。この町には味噌・染屋・古金屋・酒屋・搗屋《つきや》などがある。町の東端に大門があって、城下の南を固めている。川の橋を渡れば鉄砲町（ここには鉄砲足軽組が置かれていた）。この町と金沢町には寺院が多い。両町には扶持米とりの侍衆・百姓・鍛冶屋・酒屋・木綿屋・茶屋が入り交じっている――。

以上が「新庄寿永軒見聞集」に記されている各町の概況である。一見して甚だしくお国自慢風の誇張した書きぶりで、このすべてが事実とは言い難いかもしれないが、この段階の城下諸町の景況が知られて興味深い。

ちなみに、藩政中期延享《えんきょう》三年(一七四六)に作成された「御巡見様御廻国御案内之帳」によれば、この頃における城下諸町の商店数・職人数（町内別・職種別）は第5表のようである。

また、安政二年(一八五五)刊の『東講商人鑑』(第六表)には、新庄城下の同講加盟商人として次の二一名の有力商人が記されている。

第６表　東講加盟商人

氏名	商標	町名	商品	備考
大泉太郎兵衛		馬喰町	和漢薬種所	太物古手繰綿類
佐藤儀兵衛		北本町	太物古手類	
伊東六右衛門		万場町	太物古手類	
須田重右衛門		吉川町	小間物荒物	
大滝治郎兵衛		万場町	和漢薬種類	太物古手類
政野仁八郎		茶屋町	太物古手類	東側
山田徳兵衛		落合町	太物荒物店	
吉村屋忠兵衛		馬喰町	小間物紙類	
五島屋長兵衛		金沢町	太物荒物店	
逸見円助		茶屋町	太物古手類	西側
古瀬儀兵衛		清水川町	水油卸店	太物綿類
松田屋清太夫		馬喰町	太物古手類	
早坂屋文兵衛		北本町	瀬戸物荒物	
越前屋喜兵衛		馬喰町	穀物店	
大泉伝七		清水川町	酒造店	
遅沢吉四郎		南本町	酒造店	
鈴木七郎兵衛		北本町	酒造店	
佐田五兵衛		吉川町	酒造店	
田口屋嘉兵衛		金沢町	酒造店	
泉谷嘉兵衛		鍛冶町	酒造店	
矢口屋新蔵		万場町	穀物荒物店	

② 藩校・私塾・寺子屋

新庄藩藩校、明倫堂（幕末頃の命名。以前は単に学校あるいは講堂と呼ばれた）は、朱子学を学統とし、多くの俊秀が輩出した。藩校は江戸で漢学を修めた三浦寛右衛門（龍山）を迎え、三浦家は三代にわたり藩校を支え発展させた。城下には多くの漢学・和算の私塾も設けられ、寺子屋・手習所に学ぶ町人・農民の子弟も少なくなかった。

藩校明倫堂

新庄藩の藩校は「明倫堂《めいりんどう》」と呼ばれたことは広く知られているが、このように命名されるのはかなり後のようで（後にみるように、幕末安政の頃、十一代藩主正実《まさざね》の命名と考えられる）、古くは単に「学校」あるいは「講堂」と呼ばれていた。しかし、藩校に関する記録は戊辰戦争の戦火によって失われ、その創立年代はもちろん、組織・機構、教育内容等の詳細はほとんど明らかでない。

この中で、ややまとまった資料としては、明治三十一年（一八九八）五月発行の『新庄義友会会誌』第一号所載「旧新庄藩学制一班」（投稿者は会員一谷源一郎とみられる）や昭和五年（一九三〇）発行の郷土雑誌『葛麓《かつろく》』★第一四三・一四五・一四六号所載の、中野豊政《なかのとよまさ》「新荘藩学・私塾・寺小（ママ）屋概要」及び上倉祐二《かみくらゆうじ》著『山形教育史』（昭和二十七年刊）などがあるが、このいずれもが基づくところは、明治十六年（一八

▼『葛麓』　常葉（嶺）金太郎が編集の中心となり、大正七年（一九一八）、新庄日本基督教会牧師紺野佐重によって発行された月刊誌で、山形県内の大正デモクラシー後期を代表する郷土総合雑誌。

八三）、文部省が本邦教育史の編さんを企て、全国に下命して関係資料の収集をはかった折に、山形県が政府に提出した旧新庄藩の学制・学校などの書上げであるようである（いわゆる「文部省教育史資料」）。しかし、その後、文部省の教育史編さん事業は中断され、山形県の書上げも失われたようで、現在ではその全貌をさぐるべくもないが、前に記した諸資料によれば、およそ以下のようである。

まず、「学制」については、「旧新庄藩学制一班」は次のように記している。

「旧新庄藩学制一班」

——新庄藩学校に関する記録は、戊辰戦争の戦火によって失われ、藩主が学校についてどのような法令を出していたかは明らかでないが、古老の談によれば、特別に御触書という如きものを発することはなく、必要に応じて、その意のある所を学校係と教頭に伝え、これを執行させた、ということである。

また、藩主在城の年は、正月十六日「事始め」と称して、教師を城中に召して講義を致させ、この終了後、藩主みずから真綿を下賜した。また、学校監督としては、番頭に命じ、毎日六回講座に臨ましめ、かつ、月番用人をして時々学校に臨ましめて、生徒の精・不精を監察せしめた。

新庄藩としては、毎年百両を下附して学校の書籍の充実もはかっている。な

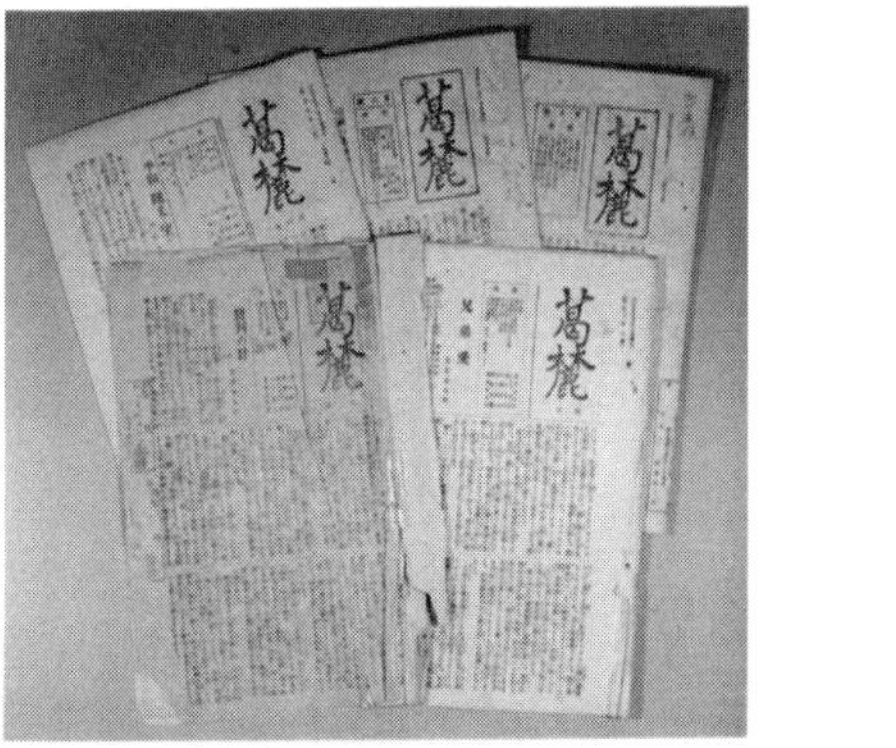
『葛麓』

お、書籍購入希望の生徒に対しては、その書名と自分の名前を書き出させ、これをまとめて東京《（ママ）》から書籍を求め、代金は無利足、年賦をもって取り立てた。

学業奨励については、一定の規則はないが、成績抜群の者については、次、三男を問わず、賄《まかない》扶持《ふち》あるいは手当金を賜り、あるいは藩の役職につけることもある。また、藩の制度として、藩士が家督を相続し、何等の藩の役職にも就かずに一生を終えるような場合は家禄の三分の一を減ずる定めであるが、学業が優秀で学校世話役に抜擢された者については、これを免除して学業に励むように奨めている、としている。

士族・卒の子弟教育方法

また、「士族・卒の子弟教育方法」として、士族・卒の子弟の教育については、必ずしも藩立学校への入学を命じているものではない。本人の希望によって、家塾・寺子屋などで修学することも自由である。しかし、卒の子弟は寺子屋で手習いを学ぶのみで、藩立学校・家塾などに入学して修学する者は極めて稀である。藩立学校、家塾のいずれで修学する者でも、学業優秀の者は選抜して他国に遊学させ、また、学業成績の如何にかかわらず、他国遊学を希望する生徒に対しては、学費の一部を補助し、これを許可している。一般の藩士に対しては、つとめて学校に出て、生徒とともに講義を聴聞するようにすすめている。

以上は、「士族・卒の子弟の教育方法」であるが、これ以外の「平民の子弟の教育方法」については、「平民の子弟であっても、藩立学校への入学が許されている。しかし、実際は入学する者は極めて稀で、多くは寺小屋《(ママ)》で手跡を習うに止まっている。農民に至っては、豪農の子弟は例外として、寺小屋で修学する者も稀である」としている。

「家塾・寺小屋設置の制度」としては、「家塾・寺小屋は誰でもが自由に創設してよい。家塾・寺小屋の制度はそれほど整ったものではない。家塾は、学校の教頭および世話役などが公務の余暇に有志の子弟に素読講義を授けるにとどまり、寺子屋は子どもに手本を与え、筆道を学ばしめるにすぎない」と記している。

次に新庄藩の藩校「明倫堂」について、「旧新庄藩学制一班」は、次のように記している。

明倫堂の沿革

学校　江戸藩邸には学校の建設なし

［校名］　明倫堂

〔校舎所在地〕　天明中、始めて学校を郭門外に営む。後、文化中焼失。更に藩主（士か）戸沢大記《とざわだいき》屋敷内に設く。天保年中復焼失。二の丸に遷る。後安政五年、城市中央の地を卜し、大平（手か）門外に営む。後戊辰兵燹に罹りしが、事平で後、復此地に営せり。

すなわち、新庄藩の藩校は校名を明倫堂といい、天明年間（一七八一～八八）、郭門外（二の丸の北門の外）に創設された。その後、明倫堂は、文化年間（一八〇四～一七）、火災にあい焼失、場所を藩士戸沢大記（原文には藩主とあるが藩士であろう）の屋敷に移して再建されたが、さらに、天保年間（一八三〇～四三）にまたもや焼失したので、今度は二の丸に移された。この後、安政五年（一八五八）、城地中央の地を選んで、大手門の外に開設した（これは大手口近辺にあった町奉行所の筋向かいの場所、すなわち、現在の新庄市市民プラザの南隣の地）。これも戊辰戦争の兵火にかかって焼失したが、戦後再びこの地に再建した、というのである。

次いで、「旧新庄藩学制一班」は「沿革要略」として、次のように記している。

――天明年間、藩主正諶《まさのぶ》が初めて学校を北郭門外に設け、戸沢泰元《とざわやすもと》を主幹に、また、楠 玄怡《くすのきげんたい》を講師に任じた。その後、八代藩主正親《まさちか》の時代に至り、藩士が

十一代藩主正実揮毫の書軸

世の泰平に馴れ、士風弛緩して浮華放逸に流れるのを戒め、とりわけ重臣は率先して勉学に励まなければならぬとの厳命を下し、学問を奨励した。

このため、学校に世話役を設け、これに重臣の嫡子ないし生徒の中の特に俊秀なる者を充てるなどして、特に重臣の嫡子は否応なく勉学に励まざるを得ないようにした。また、家老北条六右衛門《ほうじょうろくえもん》に命じて、三浦貞観《みうらていかん》（寛右衛門《かんうえもん》・龍《りゅう》山《ざん》のこと、後に詳述）を卑賤の身から取り立てて江戸の翼師《よくし》（高羽翼之《たかはよくし》のこと）に学ばしめ、帰国の後、新たに禄を給して、学校の講師に任じ、大目付の職を兼ねさせた。

学校の移転

次いで、九代正胤《まさつぐ》の時代に至って一層学問が重んぜられるようになった。彼は参勤交代の参府前、あるいは帰国後、生徒に詩文題を示して作詞を命じたり、また、生徒を城中に召して講義を致させ、その優秀な者に褒美を与えたりして学問を奨励した。さらに、学校の教頭・世話役にまで慰労の賞賜などして学業の発展を期した。このようにして、藩校は八代正親・九代正胤《まさたね》の時代、最も整備され充実した。

この後、安政五年（一八五八）、十一代藩主正実《まさざね》の時代、城地中央の地を選び、大手門外、町奉行所の向かい（後の小田島一一二番地。前記の現市民プラザの南隣）に校舎を新築し、寄宿舎を設け、生徒の勉学の費用を藩費で給するなどして勉学に奨励した。また、抜群に成績優秀なる子弟は、平民であっても藩校への入学を許し、藩校の隆昌をはかったが、不幸にして、学校は戊辰の兵火によって焼失した。戦後、この復活をはかって、藩校をこの地に再建したが、もとの盛況を回復することはできなかった――としている。

「学制一班」への疑問

右の記述で、「天明年間、藩主正諶が初めて学校を設けた」とあるが、これは何かの誤りかと思われる。五代藩主正諶とすれば、彼の治世は延享二年（一七四五）から明和二年（一七六五）までであるので、学校の創立が天明年間（一七八一～八八）ではあり得ない。天明年間とすれば、七代正良《まさすけ》（安永九年～天明六年在位）か八代正親（天明六年～寛政八年在位）の時代に当たる。

次に「戸沢泰元を主幹とし、楠玄怡を講師に任じた」ということであるが、戸沢泰元の名は「戸沢家中分限帳」やその他の史料にも見えず、この人物はいつ頃の如何なる人か明らかでない。講師の楠玄怡は『新庄藩系図書』によれば、御典医楠家の三代目益庵《えきあん》の兄に当たり、楯岡《たておか》（村山市）一向宗開端寺《かいたんじ》から楠家に入った人で儒学者として有名で、角川村（戸沢村）の今熊野《いまくまの》神社の縁起「今熊野大権現略縁起」の著者としても知られている。ただし、この「縁起」は元文五年（一七四〇）に編まれたと文末にあるので、これまた、本文の「天明年間」とは時代的に合わず、そのまま真とすることはできない。

しかし、新庄藩学校創始の年代が確定し難いにしても、これが形式・内容ともに整備、充実するのは、天明年間であろうことは、他の関連史料からみても確かと思われる。前記の本文にも「八代藩主正親の時代、重臣の嫡子や成績優秀な生徒を『世話役』に任じて、学問を奨励した」とあり、「八代正親・九代正胤の時代、学事最も拡張せり」とある。

三浦龍山を迎える

この後、藩校は、江戸で本格的に漢学を修めた三浦寛右衛門を教授に迎え、一段と内容を充実させる。

大正・昭和前期に活躍した郷土史家中野豊政の研究「三浦龍山先生小伝」（『葛麓』第二〇号）によれば、三浦は宝暦五年（一七五五）生まれ、石名坂村（鮭川村）の農家の出であるが、幼少より学問を好み、士を志して藩家老北条六右衛門の僕となった。北条は彼の才能を見抜き、将来の大成を期して、江戸に登らせ、高羽翼之の門に入れて、漢籍を学ばせた。三浦は安永四年（一七七五）、六代藩主正産に仕え、御茶道小頭格に任ぜられ、三人扶持を給された。その後、御中小姓格、御右筆所見習御記録、表小姓と順次昇進し、享和二年（一八〇二）には、九代藩主正胤の御側を仰せつけられ、文化元年（一八〇四）、小納戸に進み、禄五十石を賜った。同五年、御目付格に任ぜられた。

その後の経歴は、『戸沢家中分限帳』三浦家の項に、文化七年十二月、「勤方御免、格式是迄之通り、学校江罷出諸生取立候様被仰付」とあるので、彼が藩校に勤務するのはこの年からと思われる。ただし、これには「格式是迄之通り」とだけあって、学校における彼の職名は記されていない。

学校における職制

このことからみると、新庄藩においては、学校における職制は、まだ十分には制度だてられていなかったのではないかと思われる。これは、三浦のみならず、学校に関わった他の藩士の場合も同様である。例えば、同じく三浦家についてみると、寛右衛門の嫡子良佐《りょうすけ》が弘化二年（一八四五）、藩校勤務を命ぜられているのであるが、これにも「小納戸格、講堂江罷出諸生取立候様」とのみあって、学校における職名は記されていない。また、翌三年に藩校に出講するよう命ぜられた角館《かくのだて》固佐《こすけ》についても、「御刀番格、講堂江抜切、諸生取立候様」とあるのみで、学校における職名は記されていない。嘉永元年、富沢昇《とみざわのぼる》の項にも「格式是迄之通、講堂江罷出、諸生取立候様」とあるのみで、これも同様に格式は従来のままである。

これらに対し、慶応元年(一八六五)の北条角磨《ほうじょうかくま》については、「講堂江抜切、藩士取立へ是迄之通」・「学校締方御免」の記載があり、初めて「学校締方」の職名が見えるので、あるいはこの間に藩校の制度が整えられ、職名なども確定するのかとも考えられるが、十分には明らかでなく、今後の検討が必要である。とにかく、以上の諸例にみるように、新庄藩においては、藩校の職制については、特別の格式は設けられておらず、一般に任ぜられた格式のままで、藩校の各職分に従ったことは明らかである。

本題の三浦寛右衛門は、この後も長く学校に勤務するようであるが、この間学校における職名は『分限帳』などには記されておらず、単に格式の昇進のみが記されている。すなわち、『分限帳』などによって彼のその後の経歴を追うと、文化十年(一八一三)、御目付に昇進、同十二年、町奉行御目付兼帯を仰せつけられ、御役料二人扶持を賜った。同十三年、十石の御加増を賜った。

さらに、文政五年(一八二二)、御記録係に任ぜられ、同七年、御加増十石を賜った。同九年六月、彼は長年の生徒指導の尽力により御増高十石を賜り、以上の御増高合計三十石が御本高に結ばれて、本高八十石となった。同十一年、龍山が隠居し、嫡子良佐が家督を継いだ（後、寛右衛門と改む）。

三浦家三代・藩校を支える

嫡子良佐も、孫の貞蔵《ていぞう》も、以下にみるように、藩校にて生徒の指導に従うことになるが、この両人の場合も、藩士としての格式ないし職名は従来のままである。例えば、良佐の場合は、文政十一年、家督を継ぎ、家禄八十石を賜り、その後、天保三年（一八三二）、御刀番格、同九年、御小納戸、同十五年、定火消添役、弘化二年（一八四五）、御小納戸格と昇進し、この年「講堂に罷出、諸生取立候様」に仰せつけられた。同三年、御目付、嘉永三年（一八五〇）、御記録に任ぜられた、とあるが、講堂における彼の役柄は記されていない。

龍山の孫、貞蔵（後、寛右衛門、また、介蔵《すけぞう》と改む）の場合は、少しく違って、嘉永五年、に家督を継ぎ八十石を賜り、同七年、定火消、安政二年（一八五五）、御改正方、文久元年（一八六一）、大納戸を歴任し、慶応元年（一八六五）、御刀番格に昇進しているが、この年「学校元締方、諸生取立是迄之通り」とあり、同三年、「格式是迄之通、横目役、諸生取立、学校江罷出講談之儀、是迄之通」とあって、学校における職名は記されているが、格式は従来と変わりなく、御刀番であり、横目役である。

以上のように、新庄藩においては、藩校が藩政一般の職制に位置付けられていなかったように思われるのであるが、このような制度的なことはどうであれ、藩校としての機能は十分に果たしており、ここから多くの俊秀が巣立ったことは明らかである。ともかくも、三浦家は三代にわたって藩校を支えたということができる。

藩校における学習

「旧新庄藩学制一班」は、次に学校における「教則」や「学科学規試験法及諸則」について次のように記している。

［教則］別に一定の教則なく、用書は四書五経漢史の類を以てし、某日は某教頭某書の講義、某日は某書の講義、某日は某書の輪読会、某日は詩文会と各相定めて、午後四時より始め、日暮に至て終る。唯詩文会のみ午後二時より始るものとす。午前に於ては、寄宿生適宜時間を定め、輪講又は会読等をなすと雖ども、通学者に於ては、武芸場に入り武術を学び、幼年者は家塾・寺子屋に入り、素読・筆道を学ぶを以て常とす。

また、後者［学科学規試験法及諸則］については、本校に於ては、漢学の一科を専修せしむ。某四書の大意するを以て、武術免許以上に相当するものとなす。生徒学習期限及生徒訓条罰則等の設けなし。但入学許可を得しときは師範家に回礼するの規あるのみ。試験は春秋二期となし、番頭・用人臨席ありて、意義に通ずるものに講義を為さしめ、通ぜざるものには素読を為さしむ。賞品授与の如きは数年間中稀にあることあるのみ。

と記している。

学校職員・生徒

また、学校職員の職名やその俸禄については、「職名及び俸禄」の題で、

学校係一名〔近習頭にて之を兼〕、教頭〔二名或は三名〕、世話役定員なし。帳附二名。凡て役料。扶持米、身分取扱等の件なし。但、嫡子・次三男にして教頭となるものは一人口扶持、手当金一両より三両迄の間を給す、維新後も別に異なることとなし。

としている。また、学校の職員・生徒の概数、経費、藩主の臨校、祭儀、蔵書等は次のようである。

〔職員概数〕　教員十人乃至十五人、事務員二人、門衛一人
〔生徒概数〕　通学生徒百人内外、寄宿生徒定員なし、其費用は総て藩費を以てす。

〔束脩・謝儀〕　別に束脩・謝儀を受けず。
〔学校経費〕　別に経費の額を定めず、学校に於て要する所の費は総て之を給す。然れども、教員・事務員等には役料・扶持米等を給せず。唯寄宿生の賄扶持及営繕費・消耗費に止まるを以て甚多からず。而して、其費は藩士に賦課する等の事なし。
〔藩主臨校〕　藩主臨校して講義聴聞、生徒の試業を為せしこと非ずと雖ども、毎月三回藩主親しく臨み、役人列座の上、生徒を城中に召し、輪講会を開けり。此会の為に大いに競争の念を生ぜしめたり。
〔祭儀〕　聖廟の設置あらざれども、年始に聖影を学校の床上に掲げ、釈祭の略式を行ひ、当番用人に命じ拝せしむ。
〔蔵書の種類〕　五十種・五十部

学派は朱子学

藩校明倫堂の学派の系統は朱子学のみで、他の学派の導入はなかったようである。前記中野豊政「新荘藩学・私塾・寺小屋《(ママ)》概要」にも、明倫堂の「教育方針は勿論道徳主義にして其学派は朱子学なり」とある。

右の「概要」によれば、明倫堂の生徒は主に藩士の子弟で、年齢十五、六歳以上、員数に制限はないが、常に五〇名内外在校したという。

教師には藩内第一流の儒者を充てたが、彼らの中には江戸の昌平黌《しょうへいこう》★に学んだ者が少なからずいた。教師の名称は、先生・講師・学校取締・都講等さまざまで、員数三、四名、この下に助教・世話役などがいて教師を補佐した。明治四年、新庄藩が山形県に提出した「申送書」は、藩校について「支那学之儀、古来往々相存、開校紀元等判然不仕候、当時教師四名、助教拾三名有之、講談・巡講・素読・詩文、日課相互修業罷在候」とある。

教師の身分は御広間番士・御目付・御刀番などで、藩職制の中では比較的軽位にとどまり、禄高も八十石以下、あるいは扶持米取りの藩士が多い。藩庁から「御子様方御書物御相手」を仰せつけられ、藩主の子弟の教育にも当たった、としている。

▼昌平黌
江戸幕府の学問所・直轄学校。

「明倫堂」の命名

すでに触れたように、新庄藩の藩校は初めは、単に「学校」または「講堂」とのみ呼ばれており、「明倫堂」の名はなかったようである。信頼し得る史料の中でこれが見られるのは、十一代藩主正実《まさざね》が大書した書軸のみである。したがって、彼の時代の藩校は「明倫堂」の名であったことは確実である。しかし、これがいつの頃、誰の命名であるかは明らかでない。

このことについて、一つの示唆を与えてくれるのが、前記中野豊政の「新荘藩学・私塾・寺小《（ママ）》屋概要」（『葛麓』第一四三号所収）である。彼はこの中で藩校の名称に触れ、旧藩士荒木《あらき》鉄蔵《てつぞう》翁の談として、「初めは単に講堂と称せしが、十一代藩主始めて明倫堂と命名す」と記し、さらに藩校の所在地について「初め藩家老天《あま》野《の》権《ごん》太夫《だゆう》屋敷（新庄町小田島百五十三番地）内にありしが、其規模狭隘なるを以て、藩主正実の時に至り、大手先町奉行所の向、新庄町小田島百十二番地に新築し、明倫堂と命ず」と記し、命名の時期は正実時代、命名者は正実その人であるとしている。

これによれば、正実が明倫堂と命名したのは、藩校が大手門の外、町奉行向かいに新築された時とあるが、この年代は記してない。しかし、前記「文部省教育史資料」には、この年は安政五年（一八五八）とあるから、正実の命名も同年と考えてもよいように思われる。

ただし、藩校新築については、嘉永末年（一八五四）とする史料もあり、安政六年とする記録もあるので、この年代はなかなかに定め難く、今後の検討が必要である。すなわち、前者は、『葛麓』第二五号所収の中野豊政「北条角磨先生の逸話（続き）」の説で、これには、北条は「弘化年中藩主の側役人及び素読指南を命ぜられ、次いで嘉永末年を以て学校を創建して明倫館と称し、先生を以て講師となし、大いに文教を布かしむ」とあって、学校創建を嘉永末年としている。

後者は、同じく『葛麓』第一八号所収の同人「恩師 楠《くすのき》於菟矢《おとや》先生小伝」中に引用した楠自筆の履歴書で、彼はこの中で「安政四年二月、東都に出て旧土岐《とき》藩臣川崎《かわさき》魯助《ろすけ》の門に入り、経史学を研磨し、傍ら大槻磐渓《おおつきばんけい》に就き詩文を兼修す。同六年五月、新庄藩仮学校新築に付、同所勤番仰せ付けられ、詩文掛に兼任す」と記し、仮学校の新築を安政六年としている。

このようにして、明倫堂命名の年代は確定し難いが、可能性としては安政五年のほうがより大であるように思われる。そして、敢えて推測すれば、前記「明倫堂」の書軸は、藩校新築を記念しての正実の揮毫とも言えそうである。

なお、「明倫堂」の名称は、中国の古典「孟子　滕文公上」の文章「皆所以明人倫也」から採ったもので、「人の踏み行うべき道を明らかにする」との意であるといい、他藩でもこの名を用いた藩校は少なくない。尾張名古屋藩・信州上田藩・日向高鍋藩等々である。また、明倫館の命名もある（山口藩・宇和島藩等）。

明倫堂教師列伝

新庄藩校の教師としては、三浦寛右衛門、その子良佐、また、その子貞蔵がいたことは前述したが、毎度引用している中野豊政の「新荘藩学・私塾・寺小屋（ママ）概

第7表　新庄碩学年表

出生ノ年 年号年	出生ノ年 紀元	氏名	別号	出生地	死亡ノ年 年号年	死亡ノ年 紀元	享年
宝暦　五	(二四一五)	三浦寛右衛門	龍山、子闇	石川丁	天保　八	(二四九七)	八三
天明　八	(二四四七)	富沢　昇	咸斎、君績	下仲丁	万延　一	(二五二〇)	七三
寛政　六	(二四五四)	三浦良左	大年、葛山	石川丁	嘉永　七	(二五一四)	六一
寛政　八	(二四五六)	瀬川泰治	章記	仝	慶応　三	(二五二七)	七二
寛政一一	(二四五九)	角館固佐	子章	下仲丁	弘化　四	(二五〇七)	四九
文政　一	(二四七八)	北条角磨	牛蔵、一楽	仝	明治三五	(二五六二)	八五
文政　一	(二四七八)	奥山勇三郎	豊昌	三本橋	明治二五	(二五五二)	七五
文政　三	(二四八〇)	三浦貞蔵	介蔵、苟斉	石川丁	明治一七	(二五四四)	六五
文政　九	(二四八六)	沼沢勝江	子敬、竹州	常盤丁	明治二五	(二五五二)	六七
文政一〇	(二四八七)	小笠原　昇	快斉、光福	石川丁	明治四一	(二五六八)	八二
天保　六	(二四九五)	楠　於菟矢	清治、水哉	水上丁	明治二七	(二五五四)	六〇
天保　九	(二四九八)	和田十郎	義次郎、豊和	廓内	明治四二	(二五六九)	七二
天保　九	(二四九八)	松沢光憲	錞太郎、麻湲	上堀端	大正　二	(二五七三)	七六
天保一四	(二五〇三)	三浦祐吉	立軒、子成	石川丁	大正　七	(二五七八)	七六
安政　一	(二五一四)	北条巻蔵	松次郎、清陸	廓内	明治二六	(二五五三)	四〇

(筆者注) 表中、「紀元」の数字は、昭和戦前まで用いられた西暦年に対する日本紀元年である。

要」は、この他に富沢昇・瀬川泰治《せがわやすじ》・角館固佐・隠明寺《おんみょうじ》善蔵《ぜんぞう》・北条角磨・奥山《おくやま》勇三郎《ゆうざぶろう》・和田十郎《わだじゅうろう》・松沢光憲《まつざわみつのり》の八名を挙げている。もっとも、これは藩政後期、むしろ、幕末に近い時代の教師たちである。なお、中野はこれらの教師たちの生没年次・別号などについて、当時の藩内の漢学者を含め、第7表のように表化している。また、これらの碩学《せきがく》の系統を第6図のように示している（『葛麓』第三〇号）。

第６図　碩学の系統

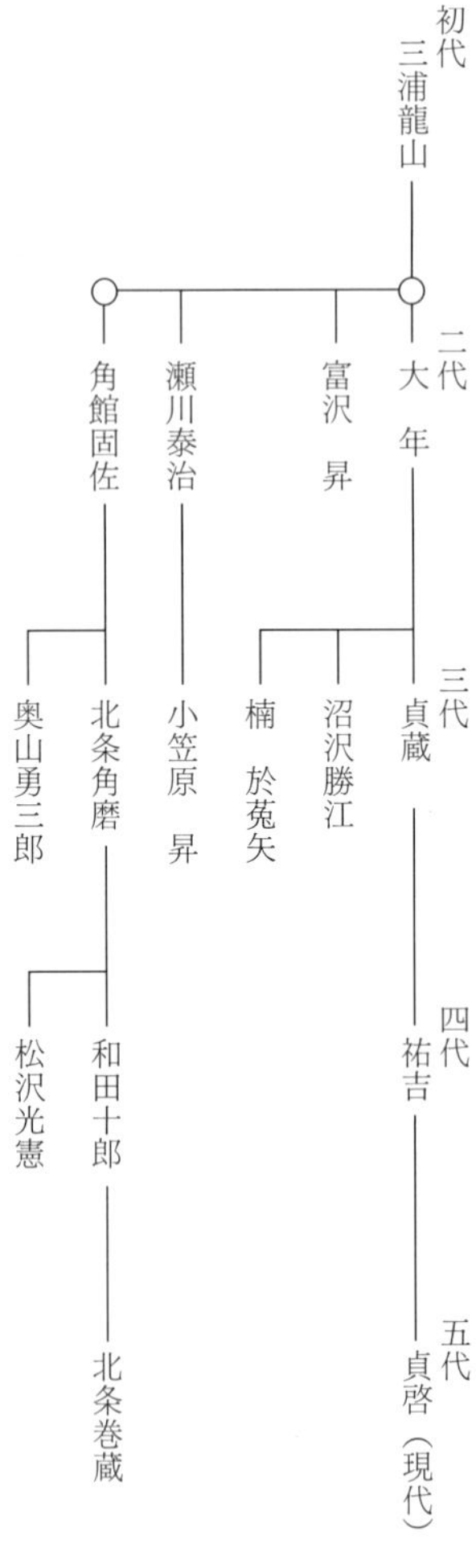

ただし、この「系統」の注に「〇印は聖堂に学んだもの」として、三浦大年と角館固佐の二名のみを挙げているが、実際は和田十郎・松沢光憲なども入学しているので、これよりも多かったようである。

明倫堂は、明治四年七月、廃藩置県に伴って廃校になったとされているが、実際はこの年山形県に移管され、同六年頃まで継続された。

さまざまな私塾

三浦龍山（寛右衛門）をはじめ、北条角磨、奥山勇三郎等は、学校での教授に従う傍ら、自宅に私塾を開いて多くの門弟の教育に当たった。中でも、三浦氏の三浦塾（積芳園《せきほうえん》ともいう）、北条氏の北条塾（旭日堂）、学校教授ではないが、舟生《ふにゅう》港平《こうへい》の舟生塾などが著名である。また、和算の大家、松永貞辰《まつながさだたつ（ていしん）》が開いた松永塾は和算の塾として大いに栄えた。

上倉祐二著『山形県教育史』は、「文部省教育史資料」に拠るとして、幕末・明治初年頃の最上地方における私塾を挙げているが、ほかにも前記の松永貞辰の松永塾、幕末小山八蔵《こやまはちぞう》や小笠原衛士《おがさわらえいし》が開いた私塾などがあった。

なかでも、三浦塾（積芳園）は安永四年（一七七五）に始まり、龍山・大年（良佐）・介蔵（貞蔵）・立軒（祐吉）の四代にわたり、明治四十年頃まで続いた。また、北条角磨が開いた北条塾は、天保五年（一八三四）に始まり、同舎蔵に引き継がれ、六〇年にわたって四千人の門弟を養成したという。

このほか、和算の大家松永貞辰が開いた和算の塾、松永塾がある。同塾は、明和七年（一七七〇）に始まり、子孫直英《なおひで》・直恒《なおつね》・直儀《なおよし》に引き継がれ、明治十三年（一八八〇）まで続いた。貞辰は、初め藩士唐牛良綱《からうしよしつな》に和算を学んだが、後、江戸に登り、江戸詰めの藩士安島直円《あじまなおのぶ》（関流宗統四伝、関《せき》流中興と仰がれた高名な和算学者）や関流三代の宗統山路主住《やまじぬしずみ》などに就いて修業し、明和七年に帰国して和算塾を開き、以後二十年にわたって多くの門弟を養成した。彼のもとには、新庄領内の士分、庶民の子弟のみならず、遠く他領からも多数の入門者があった。彼は二十年間にわたってその指導に当たり、三千人の門弟を養成したという。

私塾における生徒の学習は、各塾で少しの相違があると思われるが、北条塾の場合は次のようであった。ただし、これは明治前期の状況のようである。

私塾における学習

北条塾には老先生（角磨）と若先生（舎蔵）がいて、漢学を講じていた。生徒は未明に起きて塾に通い、孟子の講義、漢詩の作詞の手ほどきをうけた。出席の先着順に一人ずつ先生から三回素読を授けられ、この後、後ろに引き下がって声高に復読した。大勢の復読であるから部屋の中は遠雷の如き轟音の渦であった。充分に覚え込まぬうちは帰ることはできなかった。昼は学校に行き、午後は再び塾に学んだ。

塾生は授業料・謝礼などは要しなかった。ただ、盆・正月には野菜・魚などを先生に贈って謝意を表した。ただし、塾に宿泊する生徒は、ほかに自家から米・味噌を持参した。

藩士の子弟の学習は、朝食前、自宅または私塾に通い読書、その後、昼食までは習字、午後はそれぞれの好むところに応じて、弓・馬・剣・槍・柔術などの武術を修め、または講堂に出て漢学を学び、夕刻、再び私塾で学ぶというのがおよその日課であった。

ただし、算盤《そろばん》は上級の士は手にするものではないとの観念が強く、これを学ぶのは藩会計を掌る比較的軽輩の子弟や町家・農家の子弟であった。

このほか、和算の塾には藩の勘定頭や吟味役の者の営む私塾もあったといい、前掲中野豊政「新荘藩学・私塾・寺小屋《(ママ)》概要」は表(第8表)を載せている。時代は維新前後のことと推される。

寺子屋における学習

新庄藩の寺子屋の制度については、前記「旧新庄藩学制一班」の「平民の子弟の教育方法」や「家塾・寺子屋設置の制度」によって述べたので、ここではこれを省略し、領内における寺子屋・手習所の分布やそこでの子どもたちの学習につ

第8表　勘定頭・吟味役などの和算塾

氏　名	住　所
長山兵右衛門	三本橋
宮林幸蔵	紙漉町
深田茂七	南本町
田口糾太郎	桜馬場
丹　清治	水上町
大竹源治	筋違橋
溝延義太夫	鉄砲町
松坂厚母	宮　内

いて触れておきたい。

毎度引用している「文部省教育史資料」は、最上郡の寺子屋数は七としているが、これはかなり杜撰《ずさん》な調査によるもののようで、昭和五年(一九三〇)頃、山形県教育会が実施した調査においては、最上郡内の家塾・寺子屋数は一七、このうち、生徒数三〇人以上を擁する寺子屋数は三だったとし、それぞれの詳細を次のように示している(第9表『山形県教育史』による)。

第9表　最上郡内の生徒数30人以上の寺子屋

名称	学科	所在地	開業及廃業	生徒年齢	生徒数	教師身分	教師氏名
舟生家	読書	新庄市沼田町	安政四年頃 明治五年	十歳―十五歳	約三〇	―	舟生港平
―	―	東小国志茂	明治五年 明治十三年	―	約六〇	士	伊藤周次郎
―	―	東小国瀬見	〃 〃	―	約三〇	〃	島　英軒

舟生が開いた寺子屋における子どもたちの学習は、前掲中野豊政の論文によれば、次のようである。生徒は十歳以上十五、六歳まで、寺子は入門に当たって机・硯などを持参する。毎日、朝食後から昼頃まで、師匠に書いてもらった手本を見て、その字の書き方を練習する。手本は、「いろは」四八文字に始まり、「実語教」・「和漢朗詠集」などから抜粋したものを用いた。

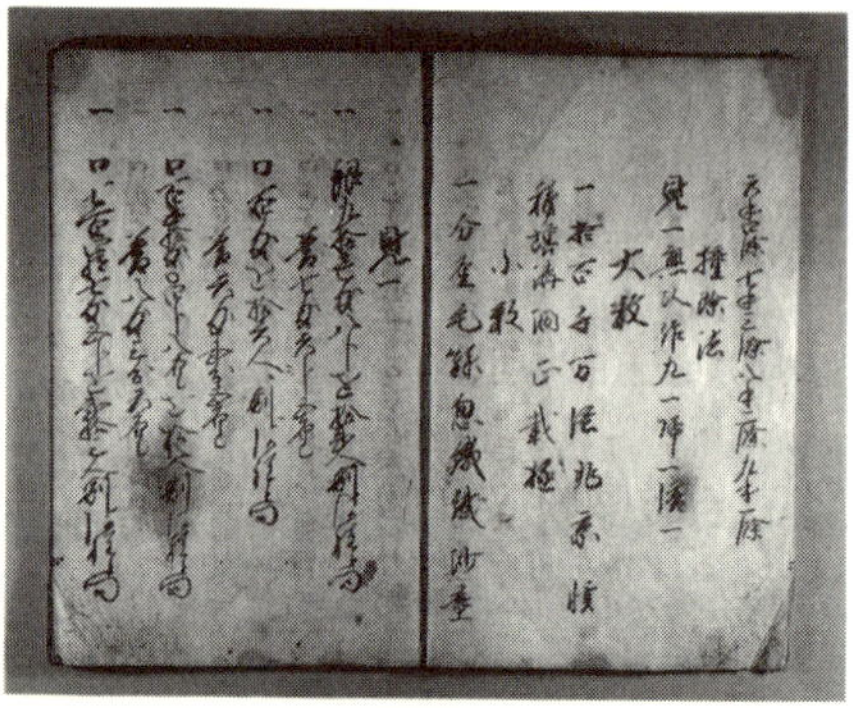

和算の教科書

文字の大きさは、初めは半紙に四字ぐらいであるが、次第に小字になり、最後は簡単な日用文を細字で書き得るようにする。

生徒は町家・在方の子弟であるが、藩士の子弟も入門した。大部分が通学生であるが、在方の子弟の中には寺子屋に寄宿する者もいた。内弟子や町方の子弟には、「いろは」の習字のほかに、「実語教」・「童子教」・「庭訓往来」・「商売往来」・「今川状」などの読み方も教授した。

授業料は徴収しなかったが、入門時に酒肴と煎米を持参した。煎米は先輩の寺子へ配り、今後の挨拶とした。

毎年、正月（元旦）、盆（十六日）、三節句（三月三日、五月五日、九月九日）には、「帳紙」という選書会的な行事が行われた。これは師匠から与えられた手本によって各自練習した字を、半紙四枚ほどを貼り合わせた大きな紙面に大書し、これを師匠に提出して優劣を判定してもらう行事である。生徒は提出後数日休みに入るが、その間に師匠が各自の清書の優劣を決め、上級生の書を中心に、その左右に大関・関脇・小結の順に教場に貼り出す。祝日当日、生徒たちはこれを見て各自の進歩ぶりを確かめたということである。

なお、当地方独特のテキストとして、「新庄往来」・「穐野《はぎの》往来」・「白岩《しらいわ》状」などが用いられたようで、いまでも、郡内各地から発見されている。

新庄・最上の寺子屋

明治十六年（一八八三）の調査による「文部省教育史資料」は、最上郡内の寺子屋について、次のように記している（第10表『山形県教育史』による）。

第10表　最上郡内の寺子屋

名称	学科	旧管轄	所在地	開業	廃業	教師 男女	生徒 男女	隆盛時代	調査年代	身分	塾主氏名
臨池堂	読	新庄	新庄 沼田	天保十二年	明治五年	男一 女—	男四八 女一七		安政二年	士	松坂源蔵
松陰堂	〃	〃	〃 五日町	宝暦年間	〃	男一 女—	男六〇 女二〇		明治二年	〃	松井幸生
紫園堂	—	〃	〃	文化十一年	〃	男一 女—	男五〇 女一五		文久二年	〃	加藤魚列
桂華堂	—	〃	〃	文化十二年	〃	男一 女—	男四〇 女一〇		慶応元年	〃	斎藤長三郎
—	—	〃	金沢町村	弘化年間	〃	男一 女—	男三〇 女—		慶応三年	〃	森三十郎
—	—	〃	十日町村	文化八年	〃	男一 女—	男四八 女一二		嘉永二年	〃	森竹蔵
—	—	〃	清水町村	嘉永二年	〃	男一 女—	男三〇 女一五		〃	僧	東谷智静

これによれば、各寺子屋の廃業が明治五年となっているが、このことについて、前掲中野論文は、寺子屋における学習が通常昼間（特に午前中）であるので、同

年頒布された「学制」による小学校入学の妨げになるとの理由で、当局が廃業を強制したのではないかとしている。

なお、平成十一年刊の『山形県教育史　要覧』は、最上地方における私塾・寺子屋として、次のような表(第11表)を掲げている。ただし、この表の北口村及び岩木村は藩政時代は新庄領であるが現在は、河北町及び村山市に属する市町である。また、この表の「清水川町　東谷智勝《ひがしたにちしょう》」は、前記「文部省教育史資料」では「清水町村」とあるからこれも現在の新庄市域ではなく、最上郡大蔵村と考えられる。

このほか、中野豊政前掲論文によれば、城下の観音寺・松巌寺・南学院《なんがくいん》などの寺院・修験も寺子屋を営んでいたという。寺院・修験の多くが寺子屋ないし手習所を営んでいる状況は在方においても同様であった。

第11表　新庄市および最上郡内の私塾・寺子屋一覧

所　在	氏　名
新庄市	
北口村	田原純遠
岩木村	大蔵松峯
鉄砲町	(松巌寺)
南本町	(観音寺) 戸沢政勝
下仲町	角館固佐 松永貞辰─直英─直恒─直儀 小笠原衛士
沼田	舟生港平
小田島	川澄明憲
沼田	三浦寛右衛門
小田島	楠 於菟矢
沼田	奥山勇三郎
沼田	松坂源蔵
五日町	松井幸生
〃	加藤魚列
〃	斎藤長三郎
金沢町	森 三十郎
十日町	森 竹蔵
清水川町	東谷智静
最上郡	
東小国村	伊藤周次郎
東小国町	島 英軒

新庄の手習所

　また、中野の前掲論文は維新前後の新庄における「手習所として、次の各所を挙げている(第12表)。表中、女性経営の手習所が二カ所あるのが注目される。
　ここには記されていないが、このような「手習所」は、在方の諸村にも多数あったようで、ここで学ぶ農民の子弟の数は意外に多かった。現在、在方の諸所の堂社に奉納されている前句付きの掲額や旧家に残されている発句の句集などがこれを物語っている。これによれば、村内のかなりの層――庄屋・組頭の層のみならず、その下層の農民までもが作者として名を連ねている。町人・農民を問わず、庶民の識字率は私たちが考えるよりは遥かに高かった。これが明治維新後、国全体の急速な近代化を可能ならしめた主因であることはいうまでもない。

第12表　新庄における手習所一覧

氏　名	住　所
松坂源蔵	神明町
斎藤長三郎	常盤町
加藤魚列	大手
松井佐仲	落合町
馬場幸蔵	南本町
倉知たみ	仲町
川上雅右衛門	神明町
井上清右衛門	常盤町
森 三十郎	鉄砲町
森 竹蔵	手代長屋
白塚もと	石川町

第六章　新庄藩の終焉

戊辰戦争で、城も町も灰燼に帰したが、文化の薫りは深く今に残る。

1 戊辰戦争

幕末・維新の動乱は新庄・最上地方に幾多の惨害をもたらした。
新庄藩は初め奥羽列藩同盟に加盟するが、後、薩長軍との決戦の最中、これを離脱し官軍側に立った。
庄内藩はこれを怒り、新庄城を急襲、城と町を焼き払った。

戦火、新庄に迫る

嘉永《かえい》六年（一八五三）の「黒船来航」は、幕府の支配体制を根本から揺るがした。これによって、幕府は開国を余儀なくされるが、国内の経済はたちまち混乱して国民を苦しめ、台頭しつつあった尊王攘夷運動に火をつけた。

尊攘運動は、はじめ長州藩の下級武士が中心であったが、時とともに薩摩藩にも、また、全国の脱藩した志士の間にも、一部少壮の公卿をも巻き込んで広まるが、薩摩藩・長州藩ともに欧米の艦隊と戦い、その圧倒的武力に惨敗、攘夷の不可なることを知る。彼らは西欧諸国の急速な発展、植民地獲得を目指す東洋進出などの事情を知るに及んで、危機意識をつのらせ、倒幕運動を激化させていく。

慶応二年（一八六六）、薩摩・長州両藩の軍事同盟が成立。倒幕の波は西南雄藩の間に急速に広まる。この形勢をみた将軍慶喜は大政を朝廷に奉還し、機先を制した(慶応三年)。これにより、倒幕派は一時後退するが、たちまち勢いを盛り返し、慶応三年十二月、王政復古の大号令を発し、天皇を中心とする新政府の樹立を宣言した。新政府は、幕府・摂政・関白を廃して、天皇親政とするものであったが、実質上の権限をもつ参与の職はほとんど西南雄藩の有力者、一部の公卿によって独占された。

幕府は及びこれを支持する諸藩は、これに激しく反発し、将軍慶喜は大軍を率いて京都の新政府に迫ったが、鳥羽・伏見の一戦に敗れ(慶応四年一月)、江戸に逃げ帰った。新政府は直ちに幕府及びこれを支持する諸藩の征討を企て、大軍を東国に送った。激しい戦いが江戸上野で、また、奥州二本松で、北越で、会津で、新庄で展開されたが、いずれの戦いにおいても官軍(新政府軍)が勝利、明治二年(一八六九)五月の蝦夷箱館の戦いを最後にこの戦い(戊辰戦争)は終息する。

この間、幕府側に立つ東北・北越の諸藩は奥羽列藩同盟(後には奥羽越列藩同盟)を結んで(慶応四年五月)戦ったが、この結合は意外にも脆《もろ》かった。

奥羽列藩同盟締結

慶応四年(一八六八)春、仙台に入った新政府奥羽鎮撫軍の一隊は、早くも笹谷《ささや》峠を越して山形に至り、天童を経て、四月二十三日、新庄に入った。沢為量《さわためかず》副総督が率いる一隊である。新政府軍は、その晩のうちに最上川を下り、反新政府軍の庄内領への侵入を企てたが、庄内勢は立谷沢川《たちやざわがわ》左岸に陣を布いてこれを迎撃、激戦数刻にして新政府軍は敗れ、新庄城下に引き揚げた。

その後、薩長軍の行動に疑いをもつ東北諸藩は、仙台・米沢両藩の呼びかけに応じ、同年五月、奥羽列藩同盟を結成して、新政府軍と対立した。後にはこれに越後の村上・新発田・長岡などの六藩も加わった。仙台・庄内の佐幕派大藩にはさまれた新庄藩も当然これに加盟した。

新庄城下に駐留していた沢副総督軍は、こうした奥羽諸藩の動きに驚き、閏四月末、密かに新庄を脱出、秋田に逃れた。ここで、一行は同じく仙台から転陣してきた九条総督軍と合流、秋田藩を味方につけ、新政府軍の海上からの援軍を得

奥羽列藩同盟の旗

て勢いを盛り返し、七月初め、新庄奪還を目指して南に進む。仙台・米沢・庄内・新庄などの同盟軍はこれを藩境雄勝《おかち》・主寝坂《しゅねざか》両峠の峻険で防がんとしたが、合戦の最中、かねて秋田藩と密約を交わしていた新庄勢は、突如同盟を離脱して新政府側についた。このため、同盟軍は無惨にも敗退、それぞれの故国に走った。新政府軍はこれを急追、念願の新庄奪還を果たした。七月十一日のことである。仙台藩隊長梁川播磨《やながわはりま》が乱軍の中で戦死したのは、この折の森合《もりあい》峠（金山町）の合戦の中においてであった。

新庄城落城

しかし、庄内勢はすぐに軍を立て直し、七月十四日、新庄城攻略を目指して、舟形口と福田《ふくだ》・仁間《にけん》・飛田《とびた》の三方から攻め入り、新政府軍との間に白刃を振っての激戦の後、新庄城を攻略した。

七月十四日夕刻、新庄城は城下の町もろとも黒煙を噴いて焼け落ちた。この日の戦闘では、まず、角沢《つのざわ》村が焼かれ（十一時頃。庄屋宅ほか一軒を残し二十余戸焼失）、次いで、福田村・仁間村、城下の宮内《みやうち》町・金沢《かねざわ》町が燃え上がり、午後二時頃には鉄砲町まで広がった。午後四時頃には、炎は北本町あたりまで、同七時頃には鍛治町・茶屋町まで延焼、天をも焦がすがごとき有り様であった。

これより前、角沢村を焼き、福田・仁間・松本村を制圧した庄内勢は、勢いに乗って戸前《とまえ》川を渡り、城下の片原《かたはら》町めがけて押し寄せた。一方、飛田村から進んだ庄内勢は指首野川を越え、新庄城に迫った。

切迫した状況の中、藩主正実《まさざね》は城中から出馬を触れ出し、目付舟生伝太夫《ふにゅうでんだゆう》、刀番井関大陸《いせきだいろく》、側役富沢昇《とみさわのぼる》等を従えて南御門を出て、宮内町外れまで進んだ。時刻は午後三時頃である。敵の銃丸がしきりに藩主の身辺に落下し、危険が迫ったため、正実は舟生の切なる諫言によって宮内町から引き返し、南御門前にしばらく立ち止まった。しかし、ここにも敵の砲丸が落下し始めたので、新庄の北郊太田村まで退くことにした。

もっとも、藩主の出馬は、敵と戦うということではなく、城を抜け出て秋田方面に落ち行くためのカモフラージュであったとの説もある。『新荘藩戊辰戦史』によれば、この日、藩主は城を枕に討ち死にの覚悟であったが、家老川部伊織《かわべいおり》・寺内弥蔵《てらうちやぞう》らはこれに反対し、この上は開城のほかなしと決し、ただ、その機会を窺っていたというのである。

これより前、宮内町南外れに火の手が上がり、火はたちまち町全体を覆うようになった。この喧噪の中、藩士秋江伝次郎《あきえでんじろう》が裸馬にまたがり、「ご開城、ご開城」と叫びながら触れ回った。南御門は固く閉ざされ、「開城」と大書した立て札が立てられていた。

庄内勢の新庄城攻撃の図

南御門から郭内に入った藩主正実は、表御門に至ったところ、家老松井喜右衛門《まついきえもん》が髪振り乱して走り寄り、しきりに降伏をすすめた。しかし、正実はこれを拒み、北御門に進んだ。ここに舟生伝太夫が走って来て、官軍諸隊はすでに新庄を捨て、秋田に向かったことを告げた。また、鍛冶町町人五十嵐源三郎《いがらしげんざぶろう》が飛び込んできて、官軍隊長の伝言として、一同新庄を引き揚げたので、正実も至急立ち退かれよ、隊長らは茶屋町で待っている旨を伝えた。

庄内兵、新庄城を焼く

これにより、藩主一行が出立しようとしたところに、好間三郎右衛門《こうまさぶろうえもん》が槍を杖に駈け寄り、「戻られよ。このままでは家臣どもはどうなる」と涙ながらに藩主に詰め寄った。一行はこれを振り切って茶屋町へと急いだ。茶屋町には、すでに一兵の姿もなかった。太田村に至り、正実は先祖歴代を祀る御霊屋《おたまや》に参詣する暇もなく、ただ、英照院門前で土下座して礼拝し、別れを告げるというあわただしさであった。

一方、城下に入った庄内勢は、南御門を打ち破って本丸に乗りこんだ。ここには新庄兵の姿はなく、城内には兵糧・玉薬・雑具が散乱していた。さらに、奥殿に入ったところ、式台に一人の老人が見事に腹を切って果てていた。老人は新庄

新庄城炎上の図

藩奥番人尾形与左衛門《おがたよざえもん》で、彼は八十一歳の老齢ゆえ、戦陣の用には立ち得べくもないとて覚悟の自害を遂げたのであった。これを検分した庄内兵の報告に「洪大立派な腹切り、とんと形崩れず」とある。

奥殿へ入った庄内兵石原藤助《いしはらとうすけ》、堀平太夫《ほりへいだゆう》の二人は相談の上、蓑に火をつけ、玄関はじめ各室に放火した。時刻は午後四時を回っていた。

この日、城下の戦いで多くの新庄藩士が命を失い、傷を負った。『新荘藩戊辰戦史』は、戦死者として、前記尾形与左衛門をはじめ、加藤安五郎・横山善太夫《よこやまぜんだゆう》等一七人の名を記している（うち、六人が自刃）。このほか、後の招魂社に祀られなかった下郎・人足の戦死者として、鳥越村清助等四名の名を挙げている。

藩主正実の秋田落ち

藩主一行は、急ぎ羽州街道を北上、泉田村染屋久太郎《そめやきゅうたろう》宅に小休、横根山《よこねやま》に至って、ようやく長州藩隊長桂太郎《かつらたろう》に迎えられた。金山町に着いたのは午後六時頃であったが、羽場《はば》村円称寺《えんしょうじ》に休み、握り飯を作らせ、夜通しで主寝坂・雄勝の両峠を越し、翌朝六時頃、秋田領院内《いんない》（秋田県雄勝町）に入った。夜中の行軍は敵襲を恐れて明かりをつけず、金山の岸三郎兵衛《きしさぶろべえ》の提灯ただ一つの強行軍であった。以後、正実は十月初めまで秋田領に止まることとなる。

戸沢正実肖像

藩主の秋田落ちの折、残していったと伝えられる藩主の馬標が、現在、泉田《いずみだ》八幡神社に蔵されている（市指定文化財）。長さ五メートルほどの棹に大小三つの笠を刺したものであるが、大の直径は一四〇センチもある。引き揚げ当日、これを担いでいた太田村の某が、これほど大きなものを持っては走れないとて、親戚の八幡宮別当に預けていったものという。

藩主の秋田落ちに前後して、彼の家族も新庄を立ち退いた。当時の家族としては、嫡子鐐《りょう》太郎君《たろうぎみ》及び生母おみ江の方（三重）が本丸奥におり、藩主の実母桃齢院《とうれいいん》と妹お江んが常盤町別邸にいたが、一行では一〇〇名に近い人数である。ともに正午過ぎ居所を出て、菩提寺瑞雲院を拝し、羽州街道を北に進み、金山町に至り、ここで夜食をとり、これも夜通し、明かりもつけずに徒歩で二つの峠を越し、朝八時頃院内に着き、正実と会った。彼女たちも以後三カ月近くを秋田領で過ごすことになる。

藩主正実の秋田領退去および帰還
（行程と日付、慶応4年）

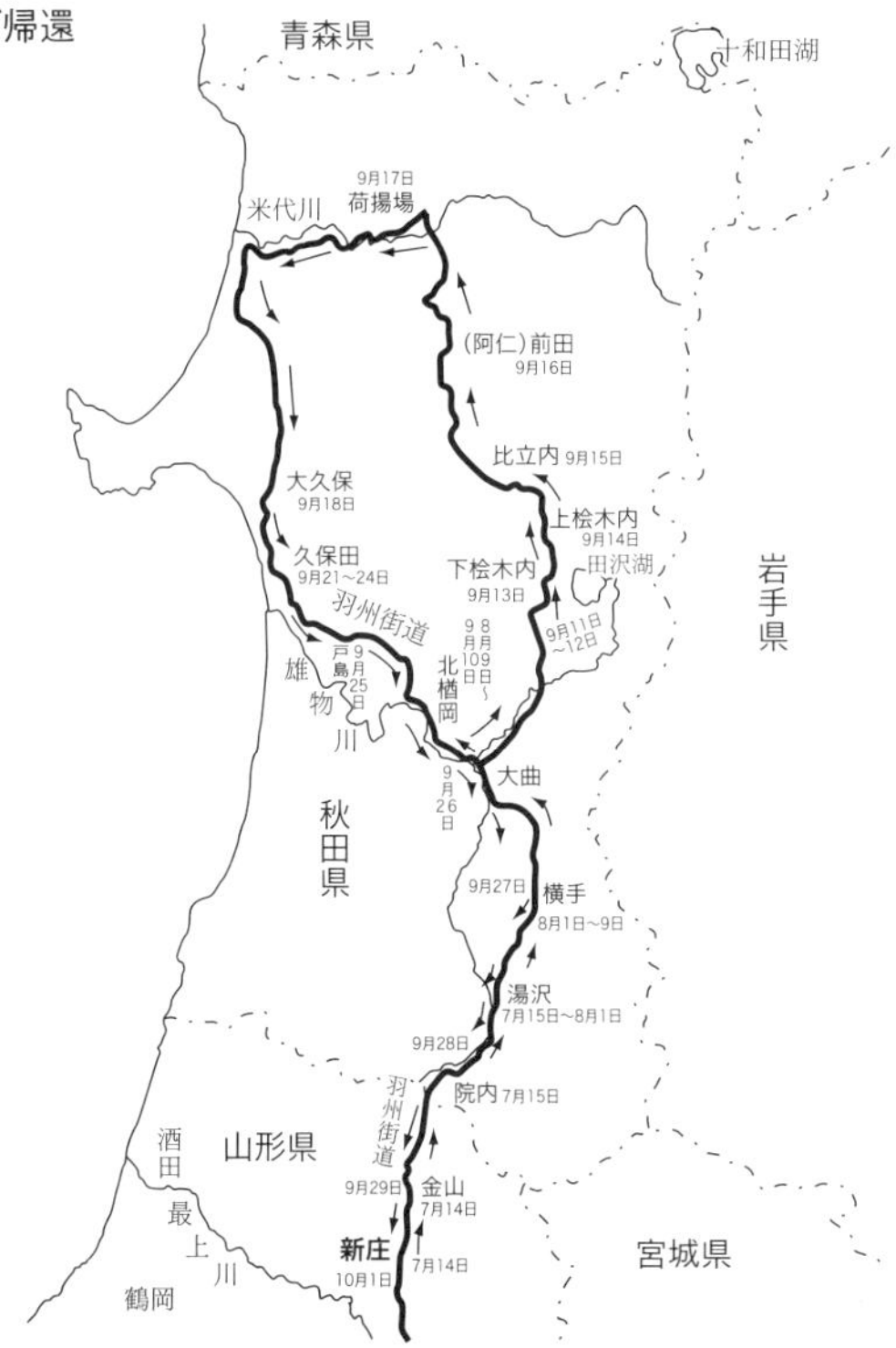

庄内勢の占領

藩主正実や新政府軍の去った後の新庄は、庄内勢の支配するところとなった。庄内軍の占領は九月二十三日まで、二カ月余り続く。庄内藩二番大隊長酒井吉之丞《さかいきちのじょう》は新庄西山の桂嶽寺《けいがくじ》に陣を構え（後に常盤町別邸にうつる）、矢継ぎ早に布令を発して、治安の維持、民生の安定につとめた。在方に発せられた布令の一つに、今年は戦争の負担を考慮して「半年貢」にするとの趣旨の一条があって農民を喜ばせたが（八月二十七日には違作の場合は「無年貢」にするとも触れた）、実際は、これは農民懐柔をねらった仮のものであったようである。

しかし、これを真にうけた一部の村々では大変な混乱が起こった。例えば、大沢郷指首鍋《さすなべ》村（真室川町）である。村の農民多数が、青沢越《あおざわご》えの峠を越して庄内領に入り、係役人に無年貢を要求したが、答えは違作の場合は、作柄を見分して応分の減免を考慮するが、今年は容れないとのことであった（九月六日）。また、同日、同村枝郷西川《にしかわ》・大池《おおいけ》・平枝《ひらえだ》村の農民二四名が同じ要求で、庄内領に入ったが、役人に押し止められ、空しく帰村した。蔵岡《くらおか》村・名高《なだか》村・津谷《つや》村（ともに戸沢村）にも同じ動きがあった。

このような混乱があったにせよ、庄内軍の占領政策は概して寛大なものであっ

最上新庄城奥方一行護晶寺へ避難の図

た。『新荘藩戊辰戦史』は「此短日月間に意外に行届ける政治を施し、領民取締上にも手落の少なかりしことは寧ろ称揚するに値するものがある」と記している。

戦争の惨害

新庄城下における戦争の被害は惨澹たるものがあった。この戦争によって焼失した建物は、後日（明治元年〈一八六八〉十一月二十二日。九月八日、「慶応」は「明治」と改元された）、新庄藩が新政府に差し出した報告書によれば、次のようである（戸沢家文書「被仰上帳」）。

まず、城郭については、本丸内二つの隅櫓（武器櫓・大納戸櫓）と天満宮を除き、すべてが焼かれた。次に二の丸・三の丸については、籾土蔵一四戸前に蓄えていた籾一二万六三〇〇俵余、諸役方土蔵一〇戸前（備塩八五〇〇俵余、金穀多数）、侍屋敷五一六軒、足軽長屋二五棟、足軽その他の軽者居屋敷七八軒を焼失した。

また、城下の町人については、町家七八一軒、土蔵八五戸、本陣二軒、修験★四軒、金沢町については民家九九軒、修験二軒、寺一軒が失われた。

さらに、在方については、鳥越村・舟形町のうち四軒、松本村四八軒、飛田村四八軒、仁間村二六軒、福田村三四軒を焼いた（土蔵・小屋は省略）。

▼修験
修験者・山伏の家。

このほか、八月十五日には古口町及び枝郷柏沢《かしわざわ》村が庄内兵に急襲され、合わせて九〇戸が焼かれた。また、七月十一日の戦闘においては、及位《のぞき》村四五軒、朴《ほお》木沢《ぎざわ》村三軒が放火により焼失した。

領民の困苦

こうしてみると、この戦争によって、新庄は城郭の大部分をはじめ、侍町、町人町とも、屋敷のほとんどを焼かれ、在方においても、仁間・福田・松本・飛田（ほかに角沢）・古口・及位などの諸村は壊滅的な打撃をうけたことがうかがわれる。

焼けた備籾の籾は、後日、占領軍庄内藩の指図によって、村々に配布されたが、その大部分は洗うと灰になって流れ去り、食糧の足しにはならなかった。現在でも、この焼籾は市民文化会館や新庄南高校あたりから大量に出土し、戦火のすさまじさを物語っている。

戦火にあった侍屋敷や町家の住民はわずかな縁を求めて近郷の農家に避難したが、この数は膨大なものであった。また、この長期間の戦争中、領内の人々はある時は新政府軍の、また、ある時は庄内勢の軍夫や人足として毎日のように徴用され、ために農作業は遅れに遅れた。

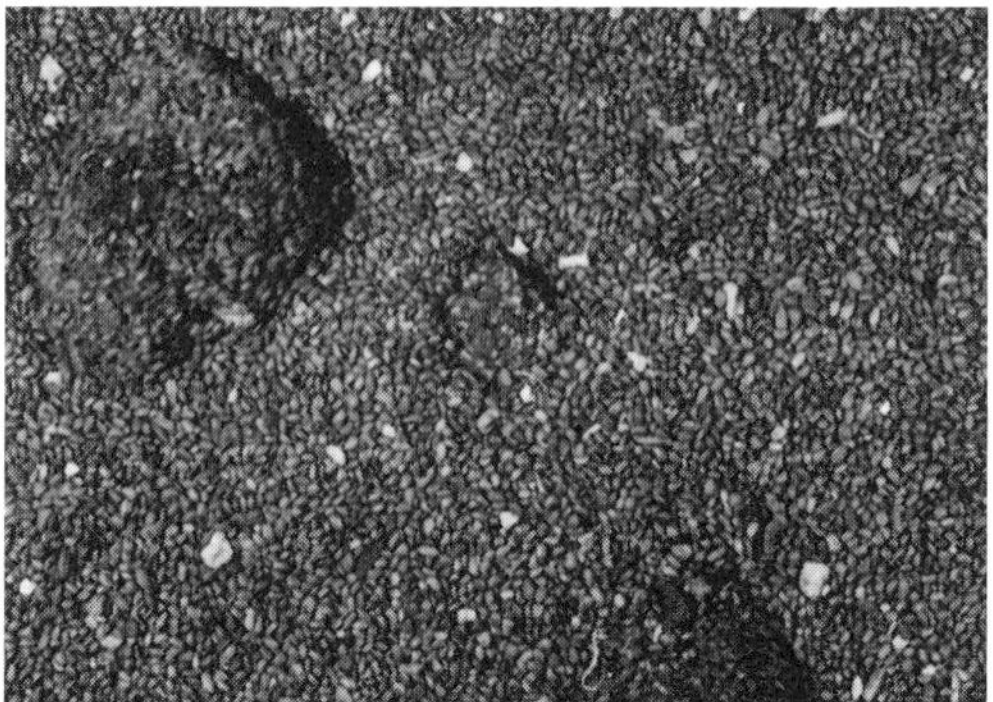
新庄藩備倉の焼け籾

②

新庄藩から新庄県へ

東北地方の戊辰戦争は、慶応四年九月末、庄内藩の降伏を以て終わる。明治二年六月、朝廷は新庄藩主正実の版籍奉還願いを許可、ここに二四七年にわたる新庄藩は終わりを告げた。明治四年、新庄藩は新庄県と称し、新たな歩みを始める。

秋田領内の合戦

慶応四年(一八六八)七月十四日、秋田領に逃れた官軍を追って、庄内軍精鋭は同領内深く進入し、これを阻む官軍との間に各地で激しい戦いを展開した。

各地の合戦のうち、新庄勢が戦った主な戦闘は、七月二十五日の大滝合戦(真室川町)、同二十八日の院内峠の戦い、同二十九日の槙ノ沢・黒森・小沢口合戦(秋田県旧雄勝町)、八月八日の大門村(稲川村)・番場村の合戦、同九日の馬鞍山合戦(平賀町)、同十三、十四日の角間川戦(大曲市)、同二十三日の南楢岡口の戦い(南外村)、同日より二十五日までの蛭川村周辺の戦い、九月十一日の糠塚山合戦及び刈和野の戦い、同十五、十六日の境村周辺の戦いである(明治二年四月、新庄藩の官軍軍務官あて報告、戸沢家文書「被仰上帳」による)。

このうち、特に激しい戦いが展開されたのは、七月二十九日の槙ノ沢・中村周辺の合戦、八月十三、十四日の角間川の合戦、同二十三日の南楢岡口の戦いで、各戦闘とも多数の戦死者・負傷者を出した。

庄内勢ははじめ破竹の勢いで進撃し、秋田領南半の要衝を次々と攻略、まさに官軍の本拠久保田本城に迫る勢いであった。また、東部は要衝角館の城下に迫り、激戦を繰り返していた。これに対して、官軍は糠塚山、堺村周辺に最後の防衛線を構築、必死の防戦を試みた。ここでの戦闘はすさまじく、九月十三日、庄内軍が終日攻撃してようやく手にした糠塚山を、翌日官軍が奪回するという激戦であった。

しかし、この間に奥羽の形勢は急速に変化し、庄内藩は次第に不利な状況に立たされていく。すなわち、かつて、奥羽列藩同盟を結んで結束した東北諸藩も、この段階に至ると、同盟の中心たる米沢藩が官軍に降り（九月二日）、仙台藩も降伏に傾きつつあった（十五日降伏）。奥羽同盟は事実上壊滅の状態にあった。加えて、官軍諸隊は諸方面から庄内領に迫りつつあった。

藩主正実の帰国

これによって、秋田遠征中の庄内勢は急ぎ帰国し本国を守らなければならなくなった。九月初旬、庄内勢幹部はすでに回軍を決定していたのであるが、最後の一戦とて、敢えて挑んだのが糠塚山の戦いであった。

九月十六日夜から翌日にかけて、庄内勢は撤退し始めた。官軍は直ちに全軍挙げて追撃戦に転じ、十九日、大曲に入った。この段階に至ると、官軍側は海上からの増援を得て、急速に勢いを盛り返し、激しく敵軍を追撃した。

この頃、総督府は、新庄軍に対し、しきりに賊徒征討の軍旗を下したり、洋式銃や毛布・酒肴・戦災見舞金を給したりして督戦につとめた。かくして、新庄勢は九月二十三日から二十八日にかけて故国に凱旋することができた。秋田落ち以来二カ月半ぶりの帰国である。

藩主正実は、これより少し遅れて十月一日に帰国した。この日までの正実の秋田領における行動は次のようである。七月十五日早朝、秋田領院内に入った一行は、この日のうちに同地を出立、湯沢・横手を経て北楢岡に至った。以後は奥羽鎮撫軍副総督沢為量の命により、その後を追って、角館・上檜木内・比立内・荷揚場・大久保を経て、秋田への道を急ぐ。秋田に入ったのは九月二十一日であった。翌日、彼は総督府より新庄への帰国を命ぜられ、同月二十五日、秋田を出立、北楢岡・横手・院内を経て、十月一日、二カ月半ぶりに無事故国の土を踏むことができたという次第である。正実に同行した弟戸沢大学も翌二日に帰国、実母桃齢院はじめ奥の方々も同月二十二日には、帰国を果たし、久しぶりに一家団欒の一時を過ごすことができた。

新庄藩が賜った菊花旗

正実戊辰戦争采配

城下を占領していた庄内勢は、すでにこの地を撤退していたが（九月十九日夜～二十日）、城も町の大部分も焦土と化していたので、正実は常盤町別邸に入った。実母桃齢院らは祈禱寺円満寺を住居とした。また、藩士は焼け跡に掘っ立て小屋を建て仮の住まいとするか、または、少しの縁故を求めて、城下周辺の農家を借り、一時の宿とした。

正実は常盤町別邸で、藩士・領民の祝賀を受けた。この間に、秋田領で戦った西南雄藩の諸隊も、また、鎮撫軍総督九条道孝、同副総督沢為量も新庄を通過して帰京の道を急いだ。

庄内藩降伏

しかし、これによって奥羽の地が全く平らいだわけではない。雄藩庄内藩は四囲官軍の大軍に囲まれながらもなおも義を守り、頑強に抵抗の姿勢を示していた。新庄に凱旋した新庄勢と官軍の諸隊は、早々に庄内領進攻を命ぜられた。新庄勢は青沢越え、あるいは与蔵峠を越し、あるいは最上川を下って庄内領に入った。

官軍は南からも北からも庄内に迫っていた。南、村上藩との境では、すでに八月頃から新政府軍の猛攻にさらされ、次第に後退しつつあった。北からは秋田藩及び官軍諸隊が、しきりに藩境を侵しつつあった。加えて、先に米沢に入城していた薩摩・新発田・尾張などの諸藩兵は、九月十三日、軍を二分して会津及び庄内に向かった。庄内に向かった官軍は参謀薩摩藩黒田清隆を長として大挙して最上川を下り、九月二十二日、大石田に着いた。先鋒は米沢藩兵である。

このような状況の中で、庄内藩は官軍への降伏を決意し、米沢藩の仲介を得て、藩士吉野遊平らを新政府軍のもとに遣わし、降伏謝罪の意向を伝えさせた。同月二十三日、吉野はようやく黒田の了解をとりつけ、彼と会見した。場所は清水河岸（大蔵村）、恐らくは同河岸の本陣小屋家においてであろう。黒田は一藩の兵器を差し出すこと、鶴岡城を開城することを条件に吉野らの申し入れを容れた。この場所には、恐らく西郷隆盛もいたと思われる。翌日早朝、西郷は七〇〇人の兵を率い、最上川下流の本合海河岸（新庄市）に休んだという確かな証拠がある。

九月二十五日、庄内藩は吉野の報告に基づき、重臣の水野藤弥、郡代山岸嘉右衛門を古口河岸（戸沢村）に遣わし、正式に降伏の意を伝えた。黒田はこれを容れ、二十六日、鶴岡に入り、翌日、庄内藩に武器の提出を求め、二十八日、これを収めた。

また、これに先立って、庄内領飽海地方に入った新庄勢と官軍の諸隊は、庄内藩降伏により、九月二十七日、松山城を、翌二十八日、酒田亀ケ崎城を、二十九日酒田海岸の台場を受け取って、十月六日、新庄に帰還した。

新庄藩戦死者

かくして、奥羽における戊辰戦争は終わりを告げた。この戦争によって蒙った新庄藩の被害は甚大なものがあった。城郭や侍屋敷、民家の焼失については前に記したが、この戦いによって奪われた人の命も少なくなかった。この正確な数はなかなか掴みにくいが、明治二年(一八六九)、新庄藩が招魂社に祀らるべき戦死者として兵部省に提出した報告書には、次のようにある(但し、主なものだけ)。

七月十三日(十四日の誤りか)、舟形口合戦における戦死者六名、同十四日、鳥越村合戦の戦死者三名、同日新庄城外戦死者一三名、同月二十九日、槙ノ沢合戦戦死者六名、八月十三日、角間川村戦死者六名、九月十一日、刈和野戦死者三名、同十五日境村戦死者四名、その他を合わせて五二名。このうち、七月二十八日以降は秋田領における戦死者で、この数は二九名である。

しかし、この名簿は完全なものではない。例えば、七月十六日、京塚村(鮭川村)に隠れて自害した十時平太や七月十四日戦死と『新荘藩戊辰戦史』に記されている鳥越村喜三郎(侠客)、地主源七(稲下村出身の中間)、白土安右衛門(長柄の者)等々は記されていない。この他、秋田領で戦死し、同地に墓のある戦死者の中にも名簿に記載されていないものがある。したがって、実際の犠牲者は前記五二名より遥かに多かったに違いない。

もっとも、前記名簿は、新政府が新設した東京招魂社（後に靖国神社と改称）に祀らせるべき戦死者の名簿であるから、十時のような自害者や鳥越村喜三郎のような士分以下の者は記載しなかったのかもしれない。

戦争後の新庄の最大の課題は戦災からの復興であった。侍たちも町人も、まず住む家を建てなければならない。藩主の住む城も再建しなければならない。しかし、この復興は意外にはかばかしくなかった。

新庄藩、岩代国二郡の取り締まり

その理由の一つとして、戦後間もなく、新庄藩は新政府から旧会津領岩代国のうち大沼・河沼の二郡（高九万五〇三八石余）の取り締まりを命ぜられたのを（明治元年十二月二十四日付）、藩士たちは、新庄藩はこのたびの戦争において官軍に味方したことの行賞として加増転封を命ぜられたと勝手に誤解し、いずれ彼の国に移るのだからといって、復興にそれほど力を入れなかったという、もっともな説がある。はたしてどうであろうか。

新庄藩が岩代国二郡の取り締まりを命ぜられたのは事実で、藩はこれに応えて権知事（家老）竹村直記以下調役・書記等九名、このほか調役下役七人を遣わして任に当たらせたが、明治二年六月下旬、任を解かれ帰国した。

藩主正実、版籍を奉還す

新政府は、慶応四年（一八六八）三月、早くも「五カ条の御誓文」を公にして、新政の基本方向を示し、同年閏四月には「政体書」を公布して、新政府の組織・機構を明らかにした。これによれば、それは国家権力のすべてを中央政府に集め、アメリカに範をとった三権分立の制度によって国政をすすめるというものであった。

また、同年七月には、江戸を東京と改め、八月には天皇の東京行幸を決定した。このような基礎に立って、天皇を中心とする中央集権国家建設の諸政策が次々と打ち出された。この中で特に注目されるのは、明治二年（一八六九）の「版籍奉還」と同四年の「廃藩置県」である。前者は、従来、全国の土地（版）・人民（籍）を支配していた幕府・諸藩が、このすべてを天皇に還し奉るということであり、後者は、従来の全国の藩を廃して新たに全国一律に「県」の行政区画を設けて、政治を行うとするものである。

版籍奉還のはじめは、明治二年一月、薩摩・長州・土佐・肥前の四藩主が従来支配してきた土地・人民を朝廷に奉還することを願い出たことである。六月、朝廷はこれを容れ、四藩主を各旧領の藩知事に任命した。

これは、たちまち全国諸藩に広まり、同年八月までに全国二七四藩が奉還を願い出た。ここにおいて、旧来の公卿・大名の名称は廃され、すべて「華族」と呼ばれるようになった。また、旧藩主は、改めて政府から藩知事に任命された。藩知事は藩主ではなく、政府の命に基づいてその地方を管理する単なる行政官であるから、これは大きな変化と言わなければならない。もちろん、家臣との主従関係は廃止され、旧家臣たちはすべて「士族」と称されるようになった。

新庄藩主戸沢正実が版籍の奉還を願い出たのは明治二年三月二十七日である。これが許可され、新庄藩知事に任命されたのは、同年六月十九日であった（戸沢家文書「被仰上帳」による）。正実はこれを機会に新庄に帰り、戦火にかかった藩邑の復興に当たる旨を申し出て、東京を出立、七月二十七日、新庄に到着した。

こうして、新しい形の新庄藩政が開始されたが、新藩政の行政機構、職名などは政府の指示により大幅に変更させられ、全国一律に定められたものとなった。新庄藩は、明治三年九月に布達された「藩制」に基づき、次のように定めた。正権大参事二名、権参事二名、小参事四名、正権大属二〇名、正権少属二二名、史生二一名、庁掌八名である。

なお、明治三年六月、新庄藩は、藩の年貢収納高・人口・常備軍力について、兵部省に次のように報告しているが、これは新制度の下における新庄藩の国勢を

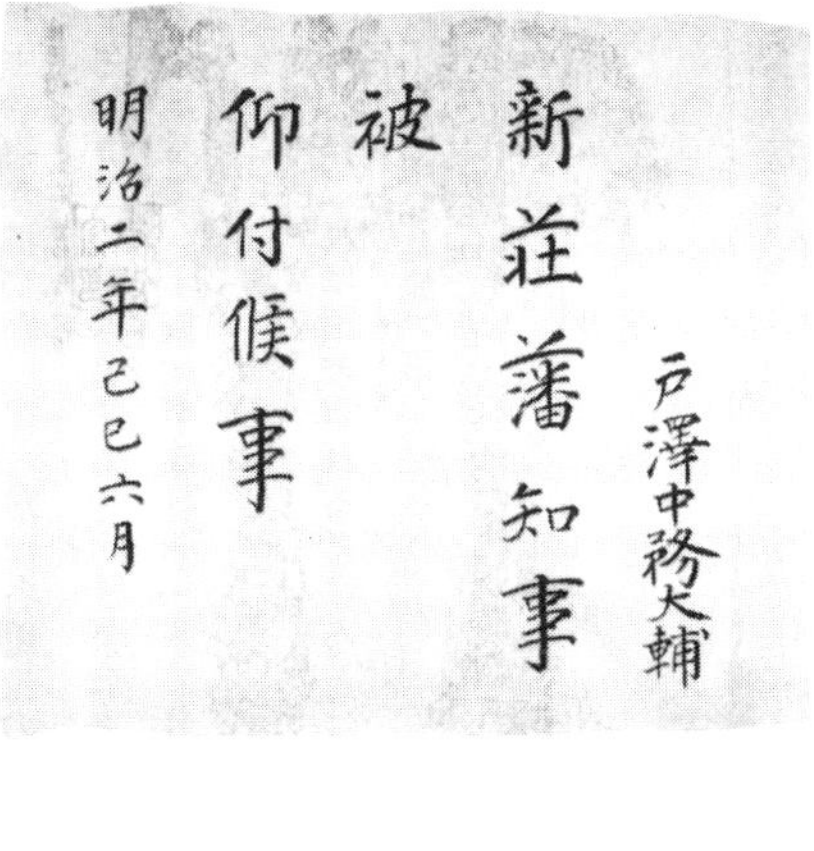
戸澤中務大輔
新荘藩知事
被仰付候事
明治二年己巳六月

新庄藩知事辞令

示すものとして注目される。現石高二万五三四六石余、人口五万二一〇七人（士族二七〇一人うち男一二五五人、卒一四四一人うち男一〇〇五人、庶人四万七九六五人うち男二万五四四〇人）、常備兵員七小隊（一小隊六〇員）、砲兵一分隊（三六員）、大砲二挺（一二斤アルムストン一挺、ホートウ一挺）、小銃ミニヘール五五〇挺。

新庄藩知事正実は、明治二年七月の帰国以来、常盤町別邸で政務をとったが、かねて再建を急いでいた新庄城が完成したとて、同三年八月十四日、ここに移った。

しかし、城内における政務は長くは続かなかった。明治四年、廃藩置県令の発布に伴って、七月十四日、新庄藩は新庄県と称することとなった（同年十一月二日山形県に併合）。これによって藩知事正実は東京に移ることとなる。彼が新庄を出立したのは、同年八月十九日である。ここに至って、戸沢氏の支配は名実ともに終わりを告げ、当地方は新たな時代への歩みを続けることとなる。

その後彼は明治十七年子爵に叙せられ、同二十九年東京で死去した。享年六十五歳。遺骸は港区三田、常林寺に葬られたが、新庄瑞雲院戸沢家墓所においては第六号棟に祀られている。法名正龍院殿実翁禅相大居士。

③ 新庄藩の遺産

二四七年にわたる新庄藩が後世に残した有形・無形の遺産は決して少なくない。
現在、地域の特産品としてうたわれている新庄東山焼、東北一の山車祭り新庄祭り等々がこれである。
また、人々の日常の生活態度などの精神的遺産も大きいものがある。

製糸・織物・馬産・東山焼

元和八年(一六二二)、戸沢政盛《まさもり》によって創設された羽州新庄藩は、明治二年三月、藩主正実《まさざね》の版籍奉還をもって終わった。この間、二四七年、藩主は十一代を数える。

二四七年の間、新庄藩は幾度かの危機に襲われた。特に、後半期においては、ほぼ三〇年ごとに多くの餓死人を出すほどの深刻な凶作・飢饉に見舞われ、藩は崩壊の危機に陥ったが、その都度、藩主・領民上下一体の協力により辛くも克服、明治二年(一八六九)の版籍奉還にこぎつけた。

約二五〇年の間に培われた有形・無形の社会的・産業的・経済的・文化的遺産は計り知れないほどの大きなものがある。明治の新しい時代はこの上に展開された。藩政時代の城下町新庄は、新時代においては最上郡の郡都として生まれ変わった。郡役所がおかれ、警察署・税務署が設けられ、製糸工場が創業され、やがて銀行ができ、鉄道奥羽本線新庄駅が開業する。地域の中等教育機関たる県立新荘中学校、次いで県立新荘高等女学校が創設された。

明治前期、最上地方には新庄町をはじめ、真室川町及位、鮭川村中渡、大蔵村清水（後期には戸沢村角川にも）の各所にかなりの規模の製糸工場が設けられ、その製品を横浜あたりまで移出しているが、この基礎は藩政時代後期に断行された殖産興業策、特に桑を植えて養蚕を盛んにし、生糸の増産をはかり、ひいては絹織物業の発展をはかるとする政策である。明治前期、新庄は全国的にも織物業の盛んな地として知られ、「新庄地織」の名声を得た。これは藩政時代の士族の副業として盛行した絹織物業を基礎として、発展したものである。

また、明治以降昭和前期までの長い間、現在の最上町地方（藩政時代は「小国郷」と呼んだ）は、山形県内随一の馬産地として著名で、幾多の名馬を生み出したが、この基は、この地方に施した新庄藩の厚い馬産奨励策にあった。

昭和前期、新しい芸術運動——民芸運動を興して注目された柳宗悦が、「土鍋としては日本中のもので最も美しいでせうか」と激賞した新庄東山焼（製陶）も、天保十二年（一八四一）、新庄藩の御用窯として創始されたものである。土鍋・行平・擂鉢・片口・湯通しなど、庶民の日用雑器を焼き続け、現在六代目に至っている。現在まで続いている窯としては県内二番目に古い窯である。

新庄焼

藩校明倫堂・新庄祭り

藩校明倫堂の精神は、新時代の地域の中等教育機関県立新荘中学校に引き継がれ、多くの俊秀を生み出した。太平洋戦争末期の頃の内閣総理大臣小磯国昭《こいそくにあき》は、新庄藩士小磯進の長男である。

毎年の夏、新庄の街を彩る新庄祭りも確実に藩政時代の文化的遺産である。八月二十四日の宵祭り、翌二十五日の本祭りには、かつての藩主戸沢氏の氏神天満宮の神輿が騎馬の侍や弓・鉄砲組の足軽に護られて市中を巡行し、これに供奉する華々しく飾り立てた二一台もの山車が、哀愁に満ちた新庄囃子の伴奏で町々を練り歩く。山車を作るのは、旧城下町時代の商人町の若連《わかれん》、囃子を奏するのは新庄周辺部の村々の若連である。山車を曳くのは新庄市各町内の子どもたち（「小若連」という）。見物の人々は、町村の別を問わず、地域すべてから群集する。この祭りの姿・形はまさに藩政時代そのままである。

藩政時代の遺産は、より多くいまを生きる人々の心の中に秘められている。これはむしろ厳しい当地方の気候・風土の中で培われてきたものでもあるから、必ずしもすべて藩政時代の遺産とは言い難いが、しかし、藩政時代に形を成してきたものが多いことは確かである。

新庄祭りの山車

巨樹王国・最上

最上地方は、巨樹王国として広く知られ、最近では、ずい分遠隔の地からも見学に訪れる人も少なくない。「東法田《ひがしほうでん》のアカマツ」（最上町・幹囲七・七メートル）、「藤九郎沢の千年カツラ」（鮭川村・幹囲二〇・〇メートル）等々、日本一太い木が九本、また株立日本一が一本、二位が三本、ほかに全国トップクラスが二本もあるのだから、最上地方はまさしく巨樹王国なのである（最上山岳会の調査）。

このほか、最上峡の神代スギ（戸沢村）、小杉の大スギ（鮭川村）など、昔から地域の名樹として仰がれている巨木も数多く、県の天然記念物に指定されているものだけでも数指に余る。

最上地方にこれほど多くの巨樹・巨木があるのはなぜだろうか。気候・風土の自然条件が好適ということはもちろんであろうが、より大きな要因は人為的なものであるように思われる。すなわち、新庄藩の山林保護政策と山に関わって生きる人々の巨樹・巨木に対する考え・態度である。

藩の山林保護政策の精神はいまも受け継がれ、人々が丹精込めて育てた杉の成木は「金山杉」の商標で出荷され、全国的な高い評価を得ている。

山ノ内黒スギ

小杉の大スギ

山で働く人々の間には、山野にそびえる巨樹や異形の巨木には、神霊が宿っているから伐ってはならないとする風がある。幹から出た枝が途中で直角に空に伸びている木や、幹に大きな穴がある木（窓木）は「山の神の休み木」とか、「山の神の腰掛け木」と呼んで伐ることを忌む。現にこれらの巨樹・巨木には山の神の小祠や碑が建てられ、山稼ぎの人々は朝夕に礼拝し、一日の無事を祈っている。

これらの巨樹・巨木には、ほとんど例外なく、これにまつわるさまざまな伝説、昔話、由緒話が語り継がれている。

目には見えないことではあるが、これらの語り継ぎは、地域の人々の心を耕し、自然に対する態度を培っていることは確実である。

自然への畏敬

それは何よりも日々の生活態度に現れている。当地方の人々は、一般に山や川に対する態度が敬虔である。特に、山際の村にはこの傾向が強い。この態度は、特に危険な冬山を駈けて狩りをするマタギや、山の木を伐り出す杣取《そまと》りの人々の間に顕著である。彼らによれば、山は山の神が統べる神聖な世界である。山の神の御心を損ずれば、マタギは兎一匹恵んでもらえない。杣取りは大事な道具を失ったり、突然の倒木に襲われて、命にかかわるような怪我をすることもある。山

鷹匠、沓沢朝治翁

に生える草木も、そこに棲《す》む動物も、みな山の神のものであり、生命をもつものである。人間がこれを頂くときは、山の神の許しを得なければならない。動物でも、草木でも、それ相応の供養をしなければならない、とする考えである。

一言にして、最上地方の人々は自然に対し謙虚である。畏敬の念を抱いていると言ってもよいかもしれない。現在においても、杣取りの人々が山の大きな木や大きな林を伐採するときは、その最初に伐った木の切り株に斧で傷をつけ、そこに伐り倒した木の梢を切り取ってさし込み、その前に鋸や斧を並べ、灯明をともし、神酒を供えて礼拝する。いわゆる「とぶさ立て」の風であるが、この民俗が、最上地方にはいまも残っている。これには、木も草も人間同様、等しく生命をもつものである、故にこれを伐採するときは、ただにその生命を絶つのではなくて、これを「植え継ぐ」、という意味がこめられているように思われる。

自然と一体となって生きる。このような人々の心性も、新庄藩政時代の無形の大きな精神的遺産と言うことができよう。

これも新庄

お国自慢 これぞ新庄の酒

新庄自慢の酒をちょっとだけ紹介

最上地方出羽燦々。最上川など恵み豊かな川から水をいただき、丹精込めて造られたお酒は、暮らしに欠かせない。

原酒とろり

本醸造原酒をブレンドした秘醸原酒

最上川酒造（株）
TEL0233-22-5125

雪風情

ほど良い吟醸香で上品な酸味をもつお酒

最上川酒造（株）
TEL0233-22-5125

大吟醸五月雨

さらりとした優しい感じの大吟醸酒

最上川酒造（株）
TEL0233-22-5125

大吟醸最上川

山田錦のフルーティーできれいな味わい

最上川酒造（株）
TEL0233-22-5125

花羽陽

最上郡の美山錦でつくった端正な酒

（株）小屋酒造
TEL0233-75-2001

雪舞

淡麗辛口のすっきりとした味わい

（株）小屋酒造
TEL0233-75-2001

大吟醸絹

絹のように滑らかで柔らかなお酒

（株）小屋酒造
TEL0233-75-2001

此君

フルーティでまろやかな味と香り

（合）佐藤酒造店
TEL0233-42-2403

最上の夢

出羽燦々を半分までけずり、大事に醸した

（合）佐藤酒造店
TEL0233-42-2403

お国自慢
ここにもいた新庄人②
近世・近代日本を彩る新庄出身者たち

山形県が生んだ唯一人の総理大臣
小磯国昭《こいそくにあき》（一八八〇〜一九五〇）

旧新庄藩士の子として宇都宮に生まれ、山形中学、陸軍士官学校卒業。日露戦争に従軍、陸軍大学に入った。軍務局長に抜擢されると実力を発揮し、人付き合いもよく、耳学問と読書で知識を吸収した。その演説は理論構成もしっかりし、表現力も豊かで一級品といわれ、軍務局長という難しいポストをこなし、頭角を現した。昭和十二年陸軍大将となる。その後、二度拓務大臣を務め、朝鮮総督に就任。昭和十九年八月、太平洋戦争末期、東条内閣のあとを受けて総理大臣となり、戦局の転換に努力するが失敗。また、中国重慶政府との和平工作を進めるが不成功。同二十年四月、米軍の沖縄本島上陸の責を負って辞職。戦後A級戦犯に指名され、極東軍事裁判で終身禁固刑の判決を受け、巣鴨拘置所にて病死。『葛山鴻爪』の自伝がある。

和算の大家
安島直円《あじまなおのぶ》（一七三二〜一七九八）

通称万蔵。南山と号す。関孝和と並び称せられた。父の勤務先である江戸藩邸に生まれ、宝暦四年（一七五四）、父の名跡を継ぎ吟味方、御金元方、勘定頭、郡奉格に任ぜられた。墓は東京都指定史跡。和算を藩士入江善太夫に学び、その後、関流和算家山路主住の門に入り勉学。主住没後はその跡を継ぎ、関流第四代宗統となった。著作に『京都祇園額答術』、『孤背術解』、『円柱穿円術』その他多数あるが、「円理」の研究は他を遥かに凌ぐとして高く評価された。

新庄東山焼の創始者
涌井弥兵衛《わくいやへえ》（一八〇一〜一八七二）

越後国蒲原郡小杉村の出身。磐城国大堀村の瀬戸師について相馬焼を習い、その後、秋田領、津軽領弘前の各窯場を回り技術の習得に努めた。新庄にて瓦師の職に就き、東山の粘土が製陶にも好適であることを知り、瀬戸師に転じ、土鍋・擂鉢など庶民の日用雑器を焼いた。新庄東山焼の名はたちまち広まり、他国に移出されるまでに至った。現在六代目が伝統の窯を継いでいる。

山車人形を作った能面師
野川陽山《のがわようざん》（一九〇〇〜一九六四）

本名は徳太郎。北村山郡尾花沢町の生まれであるが、五歳のとき、一家の移住に伴い、新庄に移った。能面打ちを本業として幾多の名品を残す一方、仏像彫刻にも優れ、新庄市会林寺の延命子育地蔵尊像の作がある。また、東京浅草出身の人形師について文楽人形作りの技を磨いた。新庄祭りの山車人形はほとんど彼の作で、その見事さは新庄祭りの呼び物の一つになっている。

日光太郎杉を助けた造園家
折下吉延《おりしもよしのぶ》（一八八一〜一九六六）

東京の戸沢子爵邸に生まれ、東京帝国大学農科大学農学部卒業後、宮内省に入り、新宿御苑の園芸整備に従った。奈良橿原神宮境内の拡張工事に参画。明治神宮造営局技師に任ぜられ、今日の「神宮の森」を造営。関東大震災後、東京近辺の公園新設、街路樹植栽等を掌った。昭和三十年、日光市東照宮の太郎杉伐採の危機に際し進言し、保存を主張した。

あとがき

　以前、『新庄市史』近世編（第二巻、平成四年刊。第三巻、平成六年刊）を執筆した折、いつの日にか、機会を得て是非新庄藩のことをまとめてみたいと思ったことがあった。理由は、明治以後の当地方の社会・経済・文化等、すべての歴史が藩政時代のさまざまな構造の上に築かれているにもかかわらず、この時代のことが実際にはほとんど理解されていない、第一、新庄藩のことについて書かれた本がない、ということであった。

　もっとも、藩政時代のまとまった本がないからと言って、明治以後のことが分からないということではない。しかし、こうした本があったなら、明治以後の歴史をより正しく、より深く理解し得ることは確かである。

　幸いにも、このたび、『新庄藩』を書く機会を与えられたので、かねてからの思いを込めて叙述につとめたつもりであるが、結果はなかなかに思いどおりにはいかなかった。こうした本の叙述の難しさを改めて痛感している。しかし、いま、曲がりなりにもどうにか完成することができ、心底ほっとしている。拙い小書ではあるが、新庄藩の理解のため、いささかでも裨益するところあれば、筆者のこの上ない喜びである。

　小書を成すについては、旧新庄市史編纂室をはじめ、多くの方々や機関のご指導、ご協力を賜った。また、小書の発行については、現代書館社長菊地泰博氏の格段の御厚意を賜った。ともに記して、深く感謝申し上げたい。

参考文献

大友義助執筆『新庄市史』第一～第五巻　新庄市　平成四年～十一年
同人著『羽州新庄城及び同城下町の研究』新庄市教育委員会　昭和六十二年
同人編『新庄藩系図書』(一)(二)新庄市立図書館　昭和五十八年～五十九年
同人編『戸沢家中分限帳』(一)～(五)新庄市立図書館　昭和五十年～五十七年
嶺金太郎著『増訂最上郡史』最上郡教育委員会　昭和四年
同人著『新荘藩戊辰戦史』葛麓社　大正十二年
新庄市『新庄市史　自然・文化編』平成十四年
新庄市『新庄市史　史料編』(上)平成十六年
『藩史大辞典』第一巻新庄藩の部　雄山閣　昭和六十三年
大友義助編『新田本・吉村本新庄領村鑑』新庄市立図書館　昭和五十年
『史跡新庄藩主戸沢家墓所保存修理事業工事報告書』新庄市　平成十六年
大友義助編『新庄領内寺社関係文書』新庄市立図書館　平成三年
同右『御前帳写・新庄領郷村帳他』新庄市立図書館　昭和五十六年
同右『新庄藩財政関係文書』新庄市立図書館　昭和六十二年
同右『巡見使関係史料』新庄市立図書館　昭和六十三年
同右『新庄市・最上郡医師会史』新庄市最上郡医師会　平成八年
大友義助他著『泉田川土地改良区史』泉田川土地改良区　平成二年
同右『新庄市史　民俗編』新庄市　平成十八年
同人著『鮭川歌舞伎』鮭川村教育委員会　平成十八年
同右『稲沢番楽』金山町教育委員会　平成十五年
同右『山形県最上地方の伝説』東北出版企画　平成八年
同右「山形県最上地方における「山の神の勧進」行事と「サンゲサンゲ」行事について」私家版　平成十五年
田口五左衛門著・嶺金太郎校訂『新庄古老覚書』享保末年

協力者

新庄市教育委員会
新庄市史編纂室
新庄市立図書館
新庄市ふるさと歴史センター
山形県立博物館
致道博物館
泉田八幡神社
桂嶽寺
接引寺
涌井弥兵衛
三浦和枝

大友義助（おおとも・ぎすけ）
山形県東根市生まれ。
山形県立真室川高校教諭、県立新庄北高校教諭・教頭、県立博物館学芸員・館長、県立新南高校校長。
著書に『新庄市史』二巻（近世上）、同三巻（近世下）、『新庄城及び同城下町の研究』など。

シリーズ藩物語 **新庄藩**

二〇〇六年八月十五日　第一版第一刷発行

著者――大友義助
発行所――株式会社　現代書館
東京都千代田区飯田橋三―二―五　郵便番号102―0072
電話03―3221―1321　FAX03―3262―5906　振替00120―3―83725
発行者――菊地泰博
組版――エディマン
装丁――中山銀士＋杉山健慈
印刷――平河工業社（本文）東光印刷所（カバー、表紙、見返し、帯）
製本――越後堂製本
編集協力――原島康晴
校正協力――岩田純子

 ISBN4-7684-7105-6
●定価はカバーに表示してあります。乱丁・落丁本はお取り替えいたします。
http://www/gendaishokan.co.jp/

江戸末期の各藩

松前、八戸、七戸、黒石、弘前、南部、一関、秋田、亀田、本荘、秋田新田、仙台、松山、**新庄**、庄内、天童、長瀞、山形、上山、**米沢**、米沢新田、相馬、福島、二本松、三春、**会津**、守山、棚倉、平、湯長谷、泉、村上、黒川、三日市、新発田、村松、三根山、与板、**長岡**、椎谷、高田、糸魚川、松岡、笠間、宍戸、水戸、下館、結城、古河、下妻、府中、土浦、麻生、谷田部、牛久、大田原、黒羽、烏山、高徳、喜連川、宇都宮、壬生、吹上、足利、佐野、関宿、高岡、佐倉、小見川、多古、一宮、生実、鶴牧、久留里、大多喜、請西、飯野、佐貫、勝山、館山、岩槻、忍、岡部、川越、沼田、前橋、伊勢崎、館林、高崎、吉井、小幡、安中、七日市、飯山、須坂、松代、上田、小諸、岩村田、田野口、松本、諏訪、**高遠**、飯田、金沢、荻野山中、小田原、沼津、小島、田中、掛川、相良、横須賀、浜松、富山、加賀、大聖寺、郡上、高富、苗木、岩村、加納、大垣、高須、今尾、犬山、挙母、岡崎、西大平、西尾、吉田、田原、大垣新田、尾張、刈谷、西端、長島、桑名、神戸、菰野、亀山、津、久居、鳥羽、宮川、彦根、大溝、山上、西大路、三上、膳所、水口、丸岡、勝山、大野、福井、鯖江、敦賀、小浜、淀、新宮、田辺、紀州、峯山、宮津、田辺、綾部、山家、園部、亀山、福知山、柳生、柳本、芝村、郡山、小泉、櫛羅、高取、高槻、麻田、丹南、狭山、岸和田、伯太、豊岡、出石、柏原、篠山、尼崎、三田、三草、明石、小野、姫路、林田、安志、龍野、山崎、三日月、赤穂、鳥取、若桜、鹿野、津山、勝山、新見、岡山、庭瀬、足守、岡田、岡山新田、浅尾、松山、鴨方、福山、広島、広島新田、高松、丸亀、多度津、西条、小松、今治、松山、新谷、大洲、吉田、宇和島、徳島、土佐、土佐新田、松江、広瀬、母里、浜田、津和野、岩国、徳山、長州、長府、清末、小倉、小倉新田、福岡、秋月、久留米、柳河、三池、蓮池、唐津、佐賀、小城、鹿島、大村、島原、平戸、平戸新田、中津、杵築、日出、府内、臼杵、佐伯、森、岡、熊本、熊本新田、宇土、人吉、延岡、高鍋、佐土原、飫肥、薩摩、対馬、五島

★太字は既刊